JN139929

道徳にチャレンジ

石黒　真愁子 著

日本文教出版

この本は，わたしたちがご案内します！

モラルちゃん

モラルくん

先生たち

本書では，『学習指導要領解説　特別の教科　道徳編』を
『学習指導要領解説』と略記しています
覚えておいてね……

はじめに

「特別の教科　道徳」が新たに位置づけられ，小学校では平成30年度から，中学校では平成31年度から教科化がスタートしました。よりよい道徳性の育成を目指す道徳教育は，学校の教育活動全体を通して行われ，その要となるのが道徳科の時間です。よりよく生きようとする人格の基盤となる道徳性は,「心を傾けて他の人の話を聴き，対話し，自己の生き方を考え続けること」を通して育まれていくものです。新たにスタートした道徳科では，これまでの「道徳の時間」のよさを踏襲しながらも，主体的・対話的で深い学びに向かう「考え議論する道徳」へと質的転換が求められています。

また，道徳教育は，学校教育だけで完結するものではなく，家庭や地域社会と手を携えてこそ，実のあるものとなります。

本書は，先生方，保護者のみなさま，地域のみなさま，大学生のみなさんのどなたがページをめくってもわかりやすく,理解しやすい内容になっています。その背景には，未来を担う子どもたちの健やかな成長のために，それぞれの立場の方が道徳教育を通してどのように関わったらよいのかを，本書を参考に考えていただきたいという切なる願いが込められています。

内容は，道徳教育に関する解説の他，演習も可能な構成になっていますので，研修会や講習会，講義などに幅広くご活用ください。

本書では，重要なポイントを「モラルちゃん」と「モラルくん」がガイドしていきます。また，道徳教育における重要語句に対してポイントとなるキーワードがANSWER!として示され，その後に詳細な説明がなされています。これにより，幅広い道徳教育の様々な側面に対し，何を視点として取り組んでいくべきかが明らかになります。

ぜひ，本書を通して新しい道徳教育の時代の扉を開き，それぞれの立場から未来を担う子どもたちのために,「道徳にチャレンジ」していただけましたら幸いです。

2019(令和元)年10月10日

石黒　真愁子

もくじ

M

M
M

コラム

モラルちゃんの名前

モラルちゃんの名前を英語で表記すると,「moral」です。ドイツ語では「Moral」,フランス語では「morale」となります。この言葉は,ラテン語の「習慣」を表す「mos」が語源となり，広くは外的規範や人間の内面の判断による内的規範を表します。

日本語の「道徳」という言葉で考えた場合は,「道」にあたります。「道」は「あたま」を意味した「首」と「みち」を意味した「しんにょう」を組み合わせて「人が行うべき正しい道」を意味します。

また,「道徳」の「徳」にあたる言葉は,英語では「virtue」といいます。「徳」は「直」という文字の形を変えた「十と目」と「心」と「行い」とを組み合わせた文字です。模範的な人格や言動を表す言葉です。

「道徳」は，この「moral」と「virtue」を合わせた意味をもちます。英語では「morality」，ドイツ語では「Sitte」，フランス語では「morale」と表します。

このように，よりよい個人の生き方や社会の在り方を目指すために，外的・内的な規範となる「道」，そして優れた実践的・内面的な「徳」一，このふたつが融合した「道徳」は，人が社会生活を営みながら，よりよい人生を歩むために極めて重要な指針となります。

学校教育においては，この「道徳」を「特別の教科　道徳」を要(かなめ)とし学校の教育活動全体を通して行う「道徳教育」として取り組んでいきます。「道徳教育」は英語で「moral education」，ドイツ語で「sittliche Erziehung」，フランス語で「Éducation morale」と表します。

さあ，私たちと一緒に道徳について学んでいきましょう！

道徳の理論

本章「道徳の理論」では，
道徳教育の意義や原理等を踏まえ，
道徳教育の歴史や道徳性の発達等に触れながら，
学校における道徳教育や，その要となる
道徳科の目標や内容を理解します。

1 主体的・対話的で深い学びとは？

ANSWER!

考え，議論する道徳

2016（平成28）年12月21日の中央教育審議会「幼稚園，小学校，中学校，高等学校及び特別支援学校の学習指導要領等の改善及び必要な方策等について」（答申）は，「生きる力」をより具体化し，育成すべき資質・能力を**「何を理解しているか，何ができるか」**（生きて働く「知識・技能」の習得），**「理解していること・できることをどう使うか」**（未知の状況にも対応できる「思考力・判断力・表現力等」の育成）**「どのように社会・世界と関わり，よりよい人生を送るか」**（学びを人生や社会に生かそうとする「学びに向かう力，人間性等」の涵養）という三つの柱で示しました。

予測困難な時代を担う児童生徒には，主体的に他者と協働して課題を解決し，自己の人生を充実させながら，よりよい社会を築いていく力を育成するため，これらを総合的に捉えた指導を展開することが大切です。特に「学びに向かう力，人間性等」は，自立した人間として他者と共によりよく生きるための基盤となる道徳性を養うことと深い関わりをもっています。このことからも，道徳教育の重要性はますます高まっています。

アクティブ・ラーニングを生かした視点でも授業改善してみましょう

アクティブ・ラーニングは，課題の発見と解決に向けて主体的，協働的に学ぶ学習です。もともとは，教授中心の講義であった大学教育の質的転換に向けて提唱されたものです。アクティブ・ラーニングはあくまでも方法論であり，話し合う場面の設定やペア，少人数グループでの学習そのこと自体が目的化することがないよう，指導の意図に即して取り入れられる手法が適切か否かをしっかりと吟味する必要があります。深い学びのためには，各教科の「見方・考え方」を働かせ，各教科等の学習の過程を重視して充実を図ることが大切です。

道徳科における主体的・対話的で深い学び

児童生徒が，他者と共によりよく生きるための道徳性を育むためには，答えが一つではない道徳的な課題を一人一人が自分自身の問題として捉え，「考え，議論する道徳」を通して多面的・多角的に考えることが大切です。児童生徒の主体性を促すためには，「考える必然性のある発問」を通して主体的に深く考えることを促し，「聴き合える集団づくり」を基盤に，子どもたちが本音で語り合うことが求められます。

★ 道徳科における主体的な学びとは……

道徳的な課題を自分ごととして受け止め，道徳的価値を自分自身との関わりで捉え，より自己を高めていこうとする学びです。道徳的問題をこれまでの学習や経験と照らして自己の課題として考え，それを振り返りながら成長を実感していくことです。

★ 道徳科における対話的な学びとは……

子ども同士が，学び合い，高め合う協働的な姿勢や，教材との対話，教師や地域の方など異なる年代の多様な価値観に触れることで，自分自身の道徳的価値の理解を深めたり，広げたりする学びです。また，自分と異なる意見と議論する場合もあります。話合いは話すことと，聞くことです。「聞く」は「聴く」ということ，傾聴するということです。目的を明確に，話合いを指導過程にどう取り入れるか，ペアトークや小集団，生活班，集団討議など，話合いの形態をどのように工夫するかをよく吟味してください。

★ 道徳科における深い学びとは……

道徳的諸価値の理解をもとに，自己を見つめ，物事を多面的・多角的に捉え，見方や考え方を広げ，「考え，議論する」ことを通して実現する深い学びです。道徳的価値のよさや課題に気づくような学習を指導過程に位置づけることが大切です。

主体的・対話的で深い学びを進める上では，

- 児童生徒自ら主体的に取り組む。
- 自分の考えを基に話し合う，書く活動等の言語活動を充実させる。
- 問題解決的な学習，道徳的行為に関する体験的な学習等を適切に取り入れ，特別活動等の多様な実践活動等を生かすなど指導方法を工夫する。

等に配慮するよう，学習指導要領解説（小 P91 ～ 97, 中 P91 ～ 98）に示されています。

2 これから求められる資質・能力とは？

ANSWER!

予測困難な時代を乗り越える力

予測困難な時代の未来を担う児童生徒は，答えのない課題に対して主体的に他者と協働して目的に応じた納得解を打ち出し，よりよい個々の人生，よりよい社会を築いていく力が求められています。

新しい時代に必要とされる資質・能力は

○生きて働く「知識及び技能」の習得（何ができるか）
○未知の状況にも対応できる「思考力・判断力・表現力等」の育成
　　（知っていることをどのように使うか）
○学びを人生や社会に生かそうとする「学びに向かう力・人間性等」の涵養
　　（どのように社会と関わり，よりよい人生を送るか）

であり，これらを総合的に捉えた指導を展開することが大切です。

さて，道徳教育・道徳科で育成すべき資質・能力は，『学習指導要領　特別の教科　道徳編』の道徳科の目標（小 P16，中 P13）に掲げられている，

> 道徳的諸価値についての理解を基に，自己を見つめ，物事を（中学校では広い視野から）多面的・多角的に考え，自己の（中学校では人間としての）生き方についての考えを深める学習を通して，道徳的な判断力，心情，実践意欲と態度を育てる。

と，捉えることができます。

また，上記の三つの資質・能力を道徳教育，道徳科に置き換えて考えてみると，
「知識及び技能の習得」（『学習指導要領解説　総則編』小 P36，中 P37）

> 児童（生徒）が学習の過程を通して個別の知識を学びながら，そうした新たな知識が既得の知識及び技能と関連付けられ，各教科等で扱う主要な概念を深く理解し，他の学習や生活の場面でも活用できるような確かな知識として習得されるようにしていくことが重要となる。

道徳科においては，「価値理解」「人間理解」「他者理解」などの道徳的諸価値の意義及びその大切さなどを理解し，自己の中に選択基準や判断基準を確立していくことと捉えることができます。

「思考力，判断力，表現力等の育成」

（『学習指導要領解説　総則編』小 P37，中 P38）

> 社会や生活の中で直面するような未知の状況の中でも，その状況と自分との関わりを見つめて具体的に何をなすべきかを整理したり，その過程で既得の知識や技能をどのように活用し，必要となる新しい知識や技能をどのように得ればよいのかを考えたりするなどの力であり，変化が激しく予測困難な時代に向けてますますその重要性は高まっている。

「思考力，判断力，表現力」とは，「知識及び技能」を活用して課題を解決するために必要な力です。道徳科では，目標に掲げられている「自己を見つめ，物事を（中学校では広い視野から）多面的・多角的に考え，自己の（中学校では人間としての）生き方についての考えを深めること」と捉えることができます。

「学びに向かう力，人間性等」の涵養

（『学習指導要領解説　総則編』小 P38，中 P39）

> 児童（生徒）一人一人がよりよい社会や幸福な人生を切り拓いていくためには，主体的に学習に取り組む態度も含めた学びに向かう力や，自己の感情や行動を統制する力，よりよい生活や人間関係を自主的に形成する態度等が必要となる。これらは，自分の思考や行動を客観的に把握し認識する，いわゆる「メタ認知」に関わる力を含むものである。

道徳科では自己の（中学校では人間としての）生き方を考えることを通して，主体的な判断の下に行動し，自立した人間として他者と共によりよく生きるための道徳的判断力，道徳的心情，道徳的実践意欲と態度などの基盤となる道徳性を養うことと捉えることができます。

何を学ぶか
上記の資質・能力の育成を踏まえた
教科・科目の新設等

何ができるようになるか
新しい時代に必要となる
資質・能力育成と学習評価の充実

「社会に開かれた教育課程」の実現
社会との連携と協働

どのように学ぶか
主体的・対話的で深い学び

学習指導要領は，学校・家庭・地域で幅広く共有，活用できる「学びの地図」としての役割を果たします

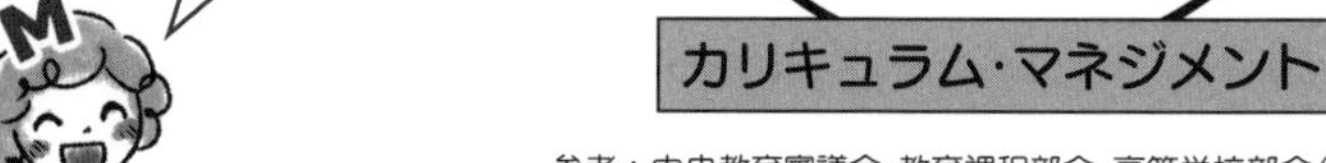

参考：中央教育審議会 教育課程部会 高等学校部会（平成28年6月）資料6－1を元に作成

3 教科化の背景と経緯は？

ANSWER!

いじめ問題も

2011（平成23）年，滋賀県大津市で，いじめにより中学校２年生が自ら命を絶つといういたましい出来事がありました。この事件をきっかけとして教科化は大きく進んでいくことになります。以下は道徳の改善に係る経緯です。

道徳の改善に係る提言，報告，答申等

(1) 教育再生実行会議 「いじめ問題等への対応について」（第一次提言）

2013（平成25）年２月26日　―教科化の発議

大津の事件とその案件に対する学校や教育委員会の対応の問題を受け，いじめ問題として実効性のある道徳教育が求められました。「心と体の調和のとれた人間の育成に社会全体で取り組む。道徳を新たな枠組みによって教科化し，人間性に深く迫る教育を行う。」と示されました。

(2) 道徳教育の充実に関する懇談会 「今後の道徳教育の改善・充実方策について」（報告）

2013（平成25）年12月26日，これまで学校において実施されてきた道徳教育における課題を指摘し，「道徳の時間」を教科とする今後の方向性を示しました。また，課題として，これまでの道徳教育の忌避傾向や道徳授業の軽視傾向，形骸化などが次の中央教育審議会も含め，教科化の議論の中で指摘されました。

(3) 中央教育審議会 「道徳に係る教育課程の改善等について」（答申）

2014（平成26）年10月21日の答申においては，

・道徳の時間を「特別な教科　道徳」として位置づける。
・校長の明確な方針を示す。
・検定教科書を導入する。
・道徳教育の文言や目標を明確で理解しやすいものに改善する。
・道徳の内容をより発達の段階を踏まえた体系的なものに改善する。
・読み物の登場人物の心情理解のみに偏った形式的な指導や，わかりきったことを言わせたり，書かせたりする観念的な授業から，多様で効果的な道徳教育の指導方法を通して，道徳的価値を自己との関わりで深く考える授業へ改善する。

・一人一人のよさを伸ばし，成長を促すための評価をする。
など，教科化の提言がより具体的に示されました。

(4) 学校教育法施行規則の一部を改正する省令
小・中学校学習指導要領一部改正 「特別の教科　道徳」

2015（平成 27）年 3 月 27 日告示

道徳の改善の方向性は，発達の段階に応じ，答えが一つではない道徳的な課題を児童生徒一人一人が自分の課題と捉え，真摯に向き合い主体的に考えること，主体的・対話的で深い学びを通して多面的・多角的に考える「考え，議論する道徳」への転換を図ることが示されました。

「考え，議論する道徳」とは

児童生徒が自分ごととして道徳上の問題と向き合い，道徳的価値について深く考える授業へと質的改善を図ることが大切です。

★ 考える道徳って？

道徳的問題を児童生徒が自分の課題として主体的に考え，道徳的価値のよさを理解し，それを実現することの素晴らしさや難しさを感じ取っていく学習です。

★ 議論する道徳って？

児童生徒と教師，また児童生徒同士の対話的な学びを通して，物事を多面的・多角的に考え，自己の生き方（人間としての生き方）を客観的に見つめ，考えを深めます。ここでいう議論とは，他者との意見交流を通して自分の見方や考え方，感じ方を深めたり，広げたりすることをいいます。

4 戦前，戦後の道徳教育の歴史は？

ANSWER!

日本特有の歴史的変遷

日本における道徳教育は，1958（昭和33）年の「道徳の時間」の特設までに時代背景に影響されながら，様々な変遷をたどってきました。ここでは，江戸時代から，「道徳の時間」特設までの変遷のポイントを紹介します。

○江戸時代の教育

江戸時代はおもに，藩校，郷学，寺子屋の三つの教育の場がありました。この頃は，儒教が教育の柱でした。

- **藩校**　藩が設立した学校で当初は人材育成が目的でしたが，次第に家臣全体に広がりました。
- **郷学**（ごうがく）　郷学は藩校と寺子屋の中間的存在でした。
- **寺子屋**　庶民のために民間で運営され，「読み書き算盤」を教えていました。

○明治維新下での教育

明治天皇を中心とする新政府が立ち上がり，1872（明治５）年「学制」が公布され，藩校，郷学，寺子屋を廃止して全国に学校が設置されました。小学校で修身科が設置されましたが，方針や基準はまだ明確でなく，教科書は欧米の道徳教科書の翻訳本を使用し，児童は所持しませんでした。この修身科は「修身口授」（ギョウギノサトシ）として，教師が児童に教科書の内容を口頭で伝えていくものでした。

○学制の改正

1877（明治10）年，学制の改正によって儒教主義道徳の復活が図られ，徳育優先の傾向が強まりました。これにより，教育勅語が発せられるまでの間，道徳の在り方や方針をめぐって「徳育論争」が続きました。

1879（明治12）年　「学制」を廃止し，第一次教育令を公布
1880（明治13）年　第二次（改正）教育令公布　修身科を筆頭教科とする
文部省編『小学修身訓』刊行　教科書は児童が所持
1881（明治14）年　「小学校教員の心得」を制定
1886（明治19）年　「小学校令」「中学校令」「師範学校令」「帝国大学令」の四つの勅令を公布
1885（明治18）年　第三次教育令を公布

○「教育勅語」の発布

1890（明治23）年，天皇の言葉としての教育の方針を示した「教育勅語」（教育ニ関スル勅語）が発せられました。修身科は教育勅語の趣旨に基づいて指導されるようになりました。教育勅語は315文字からなり，三つの内容で構成されていました。第1が「国体の精華」，第2が12の徳目，第3は第1を皇祖皇宗の遺訓として普遍性をもつものとしています。

1899（明治32）年，文部省は，学校において宗教や宗教儀式を禁止する「一般ノ教育ヲシテ宗教外二特立セシムルの件」を示しました。

○教科書検定制度下での修身科

1886（明治19）年から教科書検定制度が開始されました。修身科は徳育論争の影響もあり，口述による指導が行われていました。しかし，1891（明治24）年には，小学校修身教科用図書検定基準が定められ，それまでの教師による口授ではなく，修身科においても教科書を使用することが求められました。教科書は，モデルとなる具体的な人物を掲載したり，教育勅語を基本とした徳目を学習する内容が主体となりました。

1888（明治21）年から1890（明治23）年まで，東京帝国大学で教育学を教えていたドイツ人のE・ハウスクネヒトはヘルバルト学派の書物を参考書として扱っていました。このヘルバルト学派の中でも，W・ラインにより示された予備―提示―連結―総括―応用の5段階の教授過程は修身科においても広く浸透しましたが，画一的，注入的であるとの批判から衰退していきました。

○修身科教科書の国定化

1900（明治33）年の小学校令施行規則では学籍簿が義務づけられ，道徳的な習慣などが評価されるようになりました。そして，1903（明治36）年，文部省は小学校令を改正し，小学校の修身科の教科書を国定化しました。「尋常小学修身書」「高等小学修身書」が発行されました。

★第一期国定修身教科書　1904（明治37）年～1909（明治42）年
　近代市民倫理を反映し国民思想の統一を帰する

★第二期国定修身教科書　1910（明治43）年～1917（大正6）年
　家族観や国家観などを，歴史上の人物等を通じて忠孝を強調

★第三期国定修身教科書　1918（大正7）年～1932（昭和7）年
　大正デモクラシーの風潮の中，社会倫理や国際社会に関する内容の他，神国観念の教材も扱う。1921（大正10）年頃，教師主導の注入主義から児童の自発性を尊重した教育方法への転換を主張する大正新教育運動が勃発

★第四期国定修身教科書

1933（昭和 8）年～ 1940（昭和 15）年

忠君愛国の教材が多くなり，国体を強調

使用開始は昭和 9 年

★第五期国定修身教科書

1941（昭和 16）年～ 1945（昭和 20）年

戦時体制が進むなか，尋常小学校は国民学校と改称され，修身科は国民科に統合。「国民学校令施行規則」において皇国の道義的使命をもつ教科として明確に位置づけられ，第四期よりさらに国体を強調する教材を使用

第八　自立自營

澁澤榮一は、明治になる少し前、利根川のほとり、熊谷の近くの血洗島といふ村に生まれました。家は農耕・養蠶を業とし、かたはら藍玉商を營みました。榮一は勤勉で誠實な父と慈愛深い母とに大切に育てられましたが、決してそれにあまえてはゐませんでした。少年の頃から學問が好きで、又劒道にもはげみま

『尋常小学修身書』
渋沢栄一の逸話（第四期）

○戦後の教育

1945（昭和 20）年の「ポツダム宣言」以降，連合国軍の総司令部（ＧＨＱ）は，「修身，日本歴史及び地理の授業停止」の三教科停止指令を出し，教科書と教師用参考書の回収を命じました。1946（昭和 21）年，アメリカ教育使節団が来日したのを契機に，教育勅語の神格化を取りやめ，同年，「日本国憲法」が制定されました。翌年の 1947（昭和 22）年には，「教育基本法」と「学校教育法」が制定されました。そして，1948（昭和 23）年には「教育勅語等の失効確認に関する決議」が衆参両議院で可決されました。

○「社会科」の新設

1947（昭和 22）年，廃止された「修身や日本歴史及び地理」に代わって「社会科」が新設され，道徳教育は社会科で取り扱われるようになりました。道徳教育は，社会科を中心として学校の教育活動全体を通して行われました。この方針を「全面主義の道徳」といいます。

1950（昭和 25）年に文部大臣に就任した天野貞祐（あまのていゆう）は，修身科に代わる草案を示しましたが，1951（昭和 26）年の学習指導要領一般編においても，道徳教育は引き続き，社会科を中心に学校の教育活動全体を通して行われることになりました。

○「道徳の時間」の特設

1957（昭和 32）年の文部大臣の松永東の発声を受け，1958（昭和 33）年，「道徳の時間」が特設されました。全面，特設主義に基づく道徳の時間は，小中学校すべての学年で行われることとなりました。

5 先人の指導過程論は？

ANSWER!

今日の道徳教育の基盤

指導過程とは，指導案において「展開の大要」にあたる部分をいいます。現在では一般的に「導入―展開―終末」が多く用いられていますが，主題のねらいとする道徳的価値について児童生徒の道徳性を育むために，これまで様々な指導過程が提唱されてきました。

先人たちは，児童生徒が教材の登場人物に自我関与し，価値に対する腑に落ちた納得解を通して，自らの実践力を高めることを目指した指導過程を工夫していました。大平勝馬（おおひらかつま），勝部真長（かつべみたけ），井上治郎（いのうえじろう），青木孝頼（あおきたかより），平野武夫（ひらのたけお），瀬戸真（せとまこと）など多くの先人の研究が今日の道徳教育に大きな影響を与えています。

それではここで，青木孝頼と井上治郎の指導過程論を紹介します。

【青木孝頼の指導過程の基本構造】

<table>
<tr><td>導入</td><td colspan="3">学習の雰囲気づくりやねらいとする価値への方向づけを行う。</td></tr>
<tr><td rowspan="3">展開</td><td rowspan="2">展開の前段</td><td>第1段階
（自我関与）</td><td rowspan="2">児童生徒が教材の登場人物に自己を投影し自我関与する。一授業において7割程度を展開の前段にあてる。教材活用としては，
① 共感的活用　② 範例的活用
③ 批判的活用　④ 感動的活用
などを提示している。</td></tr>
<tr><td>第2段階
（比較）</td></tr>
<tr><td>展開の後段</td><td>価値の一般化</td><td>教材から離れて，自分の日常に目を向け，ねらいとする道徳的価値を具体的な行為と結びつけ振り返る。現在の自分の価値観を自覚する。</td></tr>
<tr><td>終末</td><td colspan="3">本時の学習の整理やまとめを行う。</td></tr>
</table>

先人の研究は，今日の道徳学習の指導過程にも大きな影響を与えました

【井上治郎の指導過程論】

井上は，児童生徒がもっているありのままの道徳的感じ方・考え方を意識化させ，それをより望ましい感じ方・考え方へと自覚的に変容させることを試みました。そのため，導入では「価値への方向づけ」を行わず，児童生徒を事態に自我関与させながら，道徳的な問題に対し，解決可能な行動パターンを予測させ，その中でより望ましい価値選択を促しました。この際活用する教材を，

① 同質性しか認められないもの
② 同質性と異質性とが同程度であるもの
③ 同質性は含まれているが異質性の方が強いもの
④ 異質性しか認められないもの

の四つに類型化し指導過程に生かしました。このうち，④のような異質性しか認められないものは，児童生徒の生活から遊離し，心理的距離が遠いため道徳授業には不適切であり，教材の主人公も児童生徒と同じように弱さなど共感できるもの，つまり「同質性」を含んだ教材が望ましいとしています。

【井上治郎の指導過程の基本構想】

導入		価値の方向づけは行わず，教材の内容を把握させる。
展開		あらすじの確認後，
	第１段階	主人公の行為の是非について初発の感想を出させる。
	第２段階	弁護か批判かの相対立するものを論点整理し，一つに集約して共通の問題意識をもたせる。
	第３段階	前半と後半の２グループに分け，主に発言をするグループと発言を聞いて必要に応じ発言するグループとで議論を展開する。
終末		価値への意欲づけなどは行わず，本時の学習で何を学んだか等各自が学習したことを確認させ締めくくる。

以上，青木の提唱する価値の一般化には，児童生徒が自己の生活の中でしっかりと学習した価値が生かされていくような試みがあり，井上が提唱する指導過程には，児童生徒が主体となる授業構想が明確に示されています。

私たちは教科化を迎え「考え，議論する道徳」への質的転換を求められていますが，先人の足跡を時には振り返り，そのよさや不易の考え方を学びつつ歩んでいくことが大切です。

6 学習指導要領「道徳」はどんなふうに変わってきたの？

ANSWER!

1958(昭和33)年「道徳の時間」が特設

学習指導要領「道徳」の変遷

(1) 1958（昭和33）年の改訂

学校における道徳教育は，学校の教育活動全体を通じて行うことを基本としました。『小学校学習指導要領』では,「日常生活の基本的行動様式」「道徳的心情，道徳的判断」「個性の伸長，創造的な生活態度」「国家・社会の成員としての道徳的態度と実践的意欲」という「四つの柱」があり,『中学校学習指導要領』では,「道徳的な判断力を高め」「道徳的な心情を豊かにし」「創造的，実践的な態度と能力を養う」という「三つの柱」がありました。内容項目は小学校では36項目，中学校では21項目でした。

(2) 1968（昭和43）年，1969（昭和44）年の改訂

「各教科および特別活動における道徳教育と密接な関連を保ちながら，計画的，発展的な指導を通して，これを補充し，深化し，統合して，児童の道徳的判断力を高め，道徳的心情を豊かにし，道徳的態度と実践意欲の向上を図るものとする」と明記しました。内容項目は四つの柱を廃止し,小学校は32項目に，精選しました。中学校は13項目に改め，目標に「その基盤としての道徳性を養う」を追加ました。

(3) 1977（昭和52）年の改訂

「教師と児童相互の人間関係を深める」「家庭や地域社会との連携を図りながら」「道徳的実践の指導を徹底する」を追加しました。内容項目は，小学校は28項目に精選され，中学校は16項目で構成されました。

(4) 1989（昭和64，平成元）年の改訂

「豊かな体験を通して内面に根ざした道徳性の育成が図られるよう配慮」「望ましい人間関係の育成」が追加されました。また，道徳の目標に「生命に対する畏(い)敬の念」を追加し，「主体性のある」日本人の育成を強調しました。内容についても大幅に再構成され「主として自分自身に関すること」,「主として他

の人とのかかわりに関すること」，「主として自然や崇高なものとのかかわりに関すること」，「主として集団や社会とのかかわりに関すること」の四つの視点が設けられました。小学校低学年 14 項目，中学年 18 項目，高学年 22 項目，中学校は小学校と一貫性を図り，22 項目に再構成しました。

学校完全五日制がスタートし，「総合的な学習の時間」が新設されました

(5) 1998（平成 10）年の改訂

校長の指導力と指導体制の充実を強調しました。「豊かな心」「未来を拓(ひら)く」を追加し，ボランテイア活動や自然体験活動などの体験や道徳的実践の充実を図りました。また，道徳の時間の特質を「道徳的価値の自覚を深め」を追加しました。小学校低学年に，「郷土愛」を追加し，低学年 15 項目，中学年 18 項目，高学年 22 項目，中学校は 4 の視点を一つ追加し 23 項目としました。

2002（平成 14）年，文部科学省より『心のノート』が配布されました

(6) 2008（平成 20）年の改訂

道徳の時間の役割を「道徳の時間を要(かなめ)として学校の教育活動全体を通じて行うもの」であるとし，「要」という表現を用いて道徳の時間の道徳教育における中核的な役割や性格を明確にしました。また，「伝統と文化を尊重し」「郷土を愛し」「公共の精神を尊び」「他国を尊重し，国際社会の平和と発展や環境の保全に貢献し」を追加しました。

2013(平成 25)年，教育再生実行会議が道徳の教科化を提言しました

2014(平成 26)年，文部科学省が『私たちの道徳』を配布しました

(7) 2017（平成 29）年の改訂

2015（平成 27）年 3 月 27 日，学校教育法施行規則の一部を改正し，「道徳」を「特別の教科　道徳」としました。確実な量的確保とともに，答えが一つではない道徳的な課題を自分自身の問題として捉え，向き合う「考え，議論する道徳」への質的転換を図ることとしました。従前の「道徳的実践力を育成する」ことを，具体的に「道徳的な判断力，心情，実践意欲と態度を育てる」と改めました。内容項目が多くの人に理解され，家庭や地域の人とも共有しやすいものとするなどの観点から，構成やねらいを分かりやすく示しました。また，児童生徒にとっての対象の広がりに即して四つの視点を整理し，「A　主として自分自身に関すること」「B　主として人との関わりに関すること」「C　主として集団や社会との関わりに関すること」「D　主として生命や自然，崇高なものとの関わりに関すること」と順序を改めました。

7 これまでの道徳の課題は？

ANSWER!

質的な課題と量的な課題

2013（平成25）年12月26日の道徳教育の充実に関する懇談会での「今後の道徳教育の改善・充実方策について」では，道徳科において，以下のような量的課題と質的課題があるのではないかと指摘されました。

【量的な課題】

・定められた授業時数を実施していない傾向もあったのではないか。

【質的な課題】

・いじめなどの現実問題に対応できていないのではないか。
・発達段階を十分に踏まえず，児童生徒に望ましいと思われることやわかり切ったことを言わせたり，書かせたりする授業になっていたのではないか。
・読み物教材の登場人物の心情理解のみに終始する指導だったのではないか。
・他教科に比べて軽視されがちだったのではないか。
・主題やねらいの設定が不十分であり，読み物を読んで感想を述べるだけで終わる指導になっていたのではないか。
・学校や教員による取り組みの差が大きかったのではないか。

そこで，

教科化することで，すべての学校で同じ程度に，決められた回数の道徳の授業を実施できるのではないかと考えられました

すべての子どもたちに教科書が行きわたれば，どの学校でも同じ程度の道徳教育，とりわけ道徳の授業が行われるのではないか，指導と評価を一体化させることで，授業改善を進めることができるのではないかと考えたのですね

今後は，これまでの「道徳の時間」の積み重ねを大切にしながら，定まった一つの答えのない課題を主体的に自分との関わりで考え，多様な感じ方や考え方の交流を通して自分の感じ方や考え方を明確にしていくことです。これらを通して様々な場面や状況において道徳的価値を実現するための問題状況を把握し，適切な行動を主体的に選択し，実践できるような資質・能力を育てることが重要です。内面的資質としての道徳性である「道徳的な判断力，心情，実践意欲と態度」を育成するためには，道徳性を構成する諸様相を独立したものとして扱うのではなく，それぞれを相互に関連させながら，道徳的行為へと育成していきます。

8 道徳性って何だろう？

ANSWER!

人間としてよりよく生きるための基盤となるもの

学校における道徳教育で養うこととされている道徳性は,「道徳的判断力, 道徳的心情, 道徳的実践意欲と態度」などの道徳の諸様相をいいます。

★ 道徳的判断力って？

様々な状況下で人間としてそのように対処することが望まれるかを判断する能力

人間としてどのように対処することが望ましいかな

例えば……

「誰も見てないから平気かな。」
「こんなことをしたら友達はどう思うかな。」
「こんなことを言ったら相手が嫌がるかな。」

★ 道徳的心情って？

よりよく生きることの大切さを感じ取り, 善を行うことを喜び, 悪を憎む感情

例えば……

「間違ったことをすると, もやもやするなあ。」
「がんばった後はさわやかだ。一生懸命やるって気持ちいいな。」
「善いことをした後はうれしくなる。」

★ 道徳的実践意欲って？

道徳的心情や道徳的判断力によって道徳的価値を実現しようとする意志, 価値があるとされた行動をとろうとする傾向性であり, 人として恥ずかしくない行動をとろうとする意欲と心構え

例えば……

「いじめられている子がいる。許されないことだ。」
「よーし, 失敗したけどまたがんばるぞ！」

★道徳的態度って？

道徳的心情や道徳的判断力によって道徳的行為を実現しようとする傾向性，実践意欲に基づいた道徳的行為の身構え

例えば……

「泣いている子がいる。どうしたんだろう。声をかけてみようかな。」

道徳的態度って行為そのものではないのです

道徳性の諸様相って何？

人間は本来，人間としてよりよく生きたいという願いをもっています。道徳教育は，よりよい生き方を求め実践する人間の育成を目指し，その基盤となる道徳性を養う教育活動です。

道徳的判断力，道徳的心情，道徳的実践意欲と態度などの道徳性の諸様相には，特に順番や序列はありません。児童生徒一人一人が道徳的価値を自覚し，自己の生き方についての考えを深め，今後出会うであろう様々な場面や状況において，道徳的価値を実現するための適切な行為を主体的に選択し，実践することができるような内面的資質を意味しています。

道徳的習慣は？

長い間繰り返して行われているうちに習慣として身につけられた望ましい日常的行動の在り方で，その最も基本となるものが基本的な生活習慣です。道徳性の育成においては，道徳的習慣をはじめ，道徳的行為へ結びつくような意義を理解させる指導もまた大切です。そうした指導を通して，適切な行動がとれる資質や能力を養うことが重要です。

9 道徳性発達理論とは？

ANSWER!

日本の学習指導要領にも反映

道徳教育の目標は「道徳性を養う」ことにあります。子どもの道徳性は他律から自律へと発達し，物の見方も主観的で一面的な見方から客観的で多面的な見方へと発達するとされています。道徳性発達論には必ずしも一致した見解があるわけではありませんが，日本の道徳教育においても，学習指導要領の中で道徳性の発達理論が反映されています。ここでは，デューイ，フロイト，ピアジェ，コールバーグの道徳性発達理論を紹介します。

デューイの道徳性発達論

デューイ（John Dewey 1859 ～ 1952）はアメリカの哲学者です。彼は道徳性の発達を「前道徳レベル，慣習的な行動レベル，自律的な行動レベル」の三つの段階に分けて考えました。

○前道徳レベル

欲望や，快・不快などの本能に動機づけられて，物事を判断し，行動の結果だけから道徳的な意味を考えます。

○慣習的な行動レベル

自分の衝動や本能を抑制して集団の基準を尊重します。

○自律的行動レベル

目的の善悪を主体的に判断し，集団の規範に対して内省を加えて思考します。

フロイトの道徳性理論

フロイト（Sigmund Freud 1856 ～ 1939）は，精神分析学の創始者です。

人間の心を「自我（エゴ）・エス（無意識）・超自我（スーパーエゴ）」の三つに分けて考えました。

○自我とは

「自我（エゴ）」は，無意識のエスの一部が現実の外界との接触によって刺激され分離し，エスからの欲求や衝動を現実生活の中で理性をもって自分自身をコントロールするものです。

ここでは善悪の判断基準はないよ

○無意識とは

「エス（無意識）」人間の欲動部分をつかさどる領域であり，無意識に自分の欲求を満たすために行動が駆り立てられる状態をいいます。

○超自我とは

「超自我（スーパーエゴ）」は，エスの対極にある道徳心や良心です。自我を裁くものです。つまり，人間が日常的に感じている道徳的罪悪感は，超自我と自我との葛藤です。

フロイトは，親は子どもの様々な欲望を「禁止」することによって，子どもがなすべきこと，してはならないことの方向づけを行い，それによって子どもの超自我は形成されるとしています。子どもの欲望は，親によって禁止され，抑制を受けながら，社会的な規範意識や遵法精神を身につけていくと考えました。

ピアジェの道徳性理論

ピアジェ（Jean Piaget 1896～1980）は，スイスの発達心理学者・哲学者です。ピアジェは自分自身の３人の子どもを詳細に観察し，認識の発達段階を明らかにしました。あらゆる道徳性の発達は規則をどれくらい尊重できるかに関わっていると考え，その規則を各自が遵守することが，社会を成立させるという立場をとっています。

★マーブル・ゲーム

「マーブル・ゲーム」という，ビー玉ゲームのような遊びがあります。日本のビー玉遊びよりも複雑な規則があるものです。この遊びを通して，ピアジェは子どもたちのゲームの規則の実践には，四つの段階があることに着目しました。

第１段階：２歳までは自分の思うままにマーブルの動きを愉しんでいるだけです。

第２段階：自己中心的で，２歳から５歳の間に既存の規則の影響を受けますが，ゲームの規則をまねしながら自己流に一人遊びをしています。

第３段階：共同の遊びが７・８歳から始まりますが，規則を変えることはほとんどありません。

第４段階：11・12歳頃から，マーブル・ゲームの規則を尊重し，仲間と話し合いながら，時には合意の下で規則を変えたりするようにもなります。

さらに，ピアジェは新しいゲームでの規則をどのくらい工夫することができるかどうかに着目し，規則の意識を三つの段階に分けて考えました。

第１段階：４歳頃までは，規則をまだ強制的にではなく自動的に受け止めます。

第２段階：４歳から９歳半ば頃までに対応するもので，規則は大人が作ったものと考え，自分たちで修正することはありません。

第３段階：10歳頃から見られることで，規則が相互の同意に基づくものであり，規則を尊重し，場合によっては仲間の同意を得て規則を修正することができると考える段階です。

ピアジェはこのような研究を通して，人には権威へ服従する拘束された「他律の道徳」から仲間同士の相互尊敬としての「自律の道徳」へと進む道徳性があると考えました。

コールバーグの道徳性理論

コールバーグ（Lawrence Kohlberg 1927 ～ 1987）は，ピアジェの研究の２段階である他律および自律という理論を発展させて道徳性の発達段階を提示しました。

「ハインツのジレンマ」というお話がありますので紹介します

「ハインツのジレンマ」

ハインツの妻は難病で死に直面していました。新薬を使えば妻は助かるかもしれなかったのですが，薬屋は，その薬に高い値段をつけていて，ハインツには手がだせませんでした。しかも，薬屋はその金額を譲りません。

ここで，「もし他の方法がないとしたら，ハインツがその薬を盗むことは道徳的に反しないだろうか。」と問います。

この問いに対して，その薬を盗むことは道徳的に正しいか，否かを理由を示しながら答えます。コールバーグはこのジレンマ（葛藤）への解答を分析し，道徳性の発達段階を三つの水準と六つの段階に区分しました。

★コールバーグの３水準６段階

○第１水準（慣習的水準以前）

善悪の判断が報酬や懲罰の有無による自己中心的なもの。

・第１段階（罰と服従への志向）

報酬や懲罰の有無によって行為の善悪を判断する。

・第２段階（道具主義的な相対主義思考）

自分の欲求を満たすものは正しいと損得勘定で動く。

○第２水準（慣習的水準）

家族，学校，地域，会社組織，国家等の各自が所属する集団の期待に沿い賞賛されることや非難によって判断する。

・第３段階（対人的同意あるいは「よい子」思考）

「善良であること」によって他者から承認を受け，褒められることを志向する。他人と良好な関係をもとうとする。

・第４段階（「法と社会秩序」志向）

既存の権威や規則，社会秩序を維持するために，義理を果たし，権威を尊敬する。

○第３水準（慣習的水準以降，自律的，原理化された水準）

道徳的価値は，それらを支持する集団や人々の権威から独立して，自律的である。

・第５段階（社会契約的な法律志向）

判断は，個人の権利を考慮しながらも，社会的に合意された基準に従う。

・第６段階（普遍的な論理的原理の志向）

判断は，社会的規則や人間の権利，尊厳の尊重といった論理的，普遍的な諸原理に照らして自己選択する。

コールバーグの共同研究者にギリガン（Carol Gilligan 1936～）という人がいます。ギリガンは，コールバーグの発達段階説によって調査すると，同世代の男女では，男性の方が第４段階へと発達する割合が高く，女性は第３段階にとどまる傾向があるという結果をもとに，コールバーグの発達図式自体が，男性中心的であると考えました。女性の場合は他者との関係性をもつことを志向すると考えたのです。

10 諸外国の道徳教育は？

ANSWER!
国によって異なる

諸外国の道徳教育は，その歴史的背景，宗教的背景，政治的背景により様々です。宗教教育と道徳教育を関連づけている国，宗教から離れて道徳教育を行う国，政治と関連づけた道徳教育を行う国などがあります。

【イギリス】

イギリスの宗教教育は宗派教育というよりは一般的な宗教教育を必須科目としています。長い間イギリスの国教であったキリスト教を中心に展開されてきました。この他，道徳教育と関連するものとして，シティズンシップ（市民性）教育があげられます。シティズンシップ教育とは，民主主義的価値を重視し能動的な市民形成を目指したものです。「市民性」は教科・領域としてナショナル・カリキュラムに規定されています。

【ドイツ】

宗教教育を道徳教育と関連して行います。ドイツでは宗派別の「宗教科」がほとんどの州で正規の教科とされています。宗教はキリスト教だけでなく，他の宗教も対象としています。生徒や保護者はどれを受けるか否かを選択したり，

代替科目を履修することもできます。近年では，価値教授を「倫理」として導入している学校もあります。州によって異なりますが，数値による評価を行っている州もあります。

【フランス】

早くからライシテ（非宗教）の精神が貫かれています。学校は宗教によらない道徳教育を行っていました。2013年には学校基本計画法が制定され，道徳教育の改革を目指しました。同年，「学校におけるライシテ憲章」が発布され非宗教の重要性が増し，2015年，「公民・道徳」が正式な教科となりました。数値による評価が行われます。また，教科とは別に「市民性教育」も行われています。

【アメリカ】

1960年代には，ベトナム戦争による社会不安などから，価値の多様化が進み混乱が生じてきました。こうした状況の中で，「価値の明確化」が登場しま

した。「価値の明確化」とは，客観的に正しいと考えられる価値の内容を教え込むのではなく，子どもの感じ方や考え方を尊重し，主観的な価値を明確化するための過程を大切にしたものです。1960年代以降には，コールバーグの道徳教育論，特にモラル・ジレンマ・デスカッションが注目を浴びるようになりました。1990年代以降には，子どもに対する民主主義的な価値内容を直接的に教授するキャラクター・エデュケーション（Character Education）や市民教育，サービス・ラーニングなどが広く普及しています。

【中国】

道徳教育が政治や思想と関連づけられ，社会主義思想や愛国主義を重視しています。宗教教育は行わず，道徳教育は筆頭教科に位置づけられています。小学校（1～6学年）では「品徳と生活」「品徳と社会」，中学校では「思想品徳」「思想政治」が設置され，週2～3時間実施されます。「道徳性」や「公民的資質」が記述と数値で評価されます。

【韓国】

1947年にアメリカから社会科の前身である「社会生活」が導入されると，社会科教育を通じた経験主義的な道徳教育が主流となります。1955年の第1次教育課程において「道義教育」が，1962年の第2次教育課程では「反共・道徳生活」が特設され，1973年の第3次教育課程において「道徳科」が設置されました。小学校では記述式で，中学校では数値による評価も行います。また，2013年度より教科とは別に,「人格（人性）教育」を教育活動全体を通じて行うようになりました。小・中学校での宗教教育は行いませんが高等学校では実施可能です。

【シンガポール】

1959年に「倫理科」を小・中学校に設置し，1967年には「公民科」となり，1984年には「宗教知識科」を導入しましたが1990（平成2）年に廃止されました。

その後，「公民・道徳教育」を設置しました。「公民・道徳」は，数値による評価を行います。また，2014年より，価値やキーコンピテンシー学習，教科外活動を総合的に推進する「人格・市民性教育」を導入しています。

11 道徳教育はいつ，どこで行うの？

ANSWER!

学校の教育活動全体

道徳教育は学校の教育活動全体を通して行われます。各教科や学校行事はもちろん，給食の時間や清掃の時間においても行われます。各教科や様々な教育活動には，各々の目標があります。その固有の目標に向かうとともに，各教科や学校行事等の指導の中で道徳教育に関わる側面をしっかりと押さえ，教育活動全体を通して，道徳教育を充実させることが大切です。

例えば……

各教科等では

各教科，外国語活動，総合的な学習の時間及び特別活動においては，それぞれの特質に応じて道徳性を養う指導を行います。各々の教科には教科固有の目標があります。その目標の達成を目指しながら，児童生徒の発達の段階を考慮して，適切な指導を行わなければなりません。つまり，教科等のもつ特質に応じて，道徳教育に関わる側面を明確に把握することが大切です。そして，道徳科はこれらの学校教育全体で進められる道徳教育と密接な関連を図りながら，計画的･発展的な指導によってこれを補充･深化･統合しながら進めていきます。

例えば，小学校体育科では……

教科の目標

「体育や保健の見方・考え方を働かせ，課題を見つけ，その解決に向けた学習過程を通して，心と体を一体として捉え，生涯にわたって心身の健康を保持増進し豊かなスポーツライフを実現するための資質・能力を育成する。」

⬇

道徳教育と体育科の関連（『小学校学習指導要領解説　総則編』P 136 より）

「自己の課題の解決に向けて運動したり，集団で楽しくゲームを行ったりすることを通して，最後まで粘り強く取り組む，気持ちのよい挨拶をする，仲間と協力する，勝敗を受け入れる，フェアなプレイを大切にする，仲間の考えや取組を理解するなどの態度が養われる。

健康・安全についての理解は，生活習慣の大切さを知り，自己の生活を見直すことにつながるものである。」と示されています。そこで，

○集団でのゲームでの運動では

〈C 規則の尊重〉，〈B 友情，信頼〉，〈B 相互理解，寛容〉

などの道徳の内容との関連が図られます。

学校行事では

★運動会や体育祭では……

★中学校の卒業式では……

全国の中学校で卒業式に最も歌われる合唱曲として，「旅立ちの日に」や「大地讃頌」があげられます。それぞれの楽曲はメッセージ性があり，道徳的価値を含んでいるものも数多くあります。それらを音楽科や卒業式の指導の中で生徒にしっかりと伝えていくことが大切です。

合唱曲「旅立ちの日に」には，〈A 希望と勇気，克己と強い意志〉，〈B 友情，信頼〉，〈C よりよい学校生活，集団生活の充実〉

合唱曲「大地讃頌」には，〈D 生命の尊さ〉，〈D 自然愛護〉，〈D 感動，畏敬の念〉などの道徳的価値が内包されています。式歌の指導を踏まえながら，卒業式に向けて様々な価値を含んだ指導を意識することが大切です。

12 道徳教育の目標は？

ANSWER!

道徳性を養う

道徳教育の目標『学習指導要領解説 総則編』（小 P26, 中 P26）には,

> 道徳教育は，教育基本法及び学校教育法に定められた教育の根本精神に基づき，自己の（中学校では人間としての）生き方を考え，主体的な判断の下に行動し，自立した人間として他者と共によりよく生きるための基盤となる道徳性を養うことを目標とすること。

と，示されています。道徳教育は法律に基づいて，学校の教育活動の中核に据えられ, 道徳性を養うことを目標としています。また,『学習指導要領解説』（小 P10, 中 P8）には,「学校における道徳教育は, 特別の教科である道徳（以下「道徳科」という。）を要として学校の教育活動全体を通じて行うものであり，道徳科はもとより，各教科，（小学校では外国語活動），総合的な学習の時間及び特別活動のそれぞれの特質に応じて，児童（生徒）の発達の段階を考慮して，適切な指導を行うこと。」と示されています。つまり，教育活動全体が常にこの道徳性を養うという目標を目指して行われ，各教育活動の特質に応じて相互の関連を図りながら意図的，計画的に推進されることが大切です。そのためには，道徳教育の全体計画をしっかりと作成しなくてはなりません。

ここでいう,

★ 自己の生き方を考えるって？

道徳的価値を自分の生き方と密接に結びつけて考えることです。

★ 主体的な判断の下に行動するって？

生きる上での様々な場面で主体的に判断し，道徳的行為を選択し，実践することです。

★ 自立した人間として他者と共によりよく生きるって？

主体的に他者と協働して課題を解決し, よりよい社会を築いていく力です。

このように道徳教育は，よりよい生き方の基盤となる道徳性を養うことを目指します。この道徳性とは，人間としての本来的な在り方やよりよい生き方を目指してなされる道徳的行為を可能にする人格的特性であり，人格の基盤をなすものです。学校における道徳教育においては，道徳的諸価値の統合を目指し，道徳の指導内容の指導を通して，道徳性を構成する諸様相である道徳的判断力，道徳的心情，道徳的実践意欲と態度などを養います。これらの諸様相が全体として密接な関連をもつように指導することが大切です。

重点化を図った指導をしましょう

各学校においては，児童生徒の実態や，保護者の願いなどを参考に，取り組むべき重点を明らかにして道徳教育に取り組むことが大切です。具体的には，各学年段階で重点化されている内容項目や，学校として重点的に指導したい内容項目を選択し，教育活動全体を通じた道徳教育全体を通じた道徳教育において具体的な指導を行います。

年間35時間設定されているなかで，すべての項目（例えば22の内容項目）を指導しても余ってしまうけど，どうしたらいいんだろう？

各学校で重点を決めて，ある内容項目に関して時数を多く確保し，繰り返し指導することで効果的に重点化を図ります

道徳教育と生徒指導の関わり

道徳教育と生徒指導は双方が互いに深い関わりをもち，児童生徒の成長に働きかけます。人間の心そのものは見えませんが，心の働きは行動や言葉となり外へ表れます。

行動・言葉づかい

生徒指導は行動や言葉づかいから働きかけます。

道徳教育は，直接「心」に働きかけます。

心

13 幼稚園や高等学校の道徳教育って？

ANSWER!

発達段階を踏まえた連携

道徳教育は幼稚園から高等学校まで，発達段階を踏まえながら連携して行うことが大切です。つまり，道徳性の芽生えを培うことに始まり，人間としての在り方・生き方の自覚を深めるよう一貫した道徳教育が求められます。

【幼稚園等】 幼稚園では，環境との関わりが重視され，遊びを中心とした総合的な教育活動が展開されます。教師には幼児との信頼関係のもと，幼児期の見方･考え方を生かし共によりよい教育環境を創造することが求められています。2017（平成29）年の『幼稚園教育要領』は，幼稚園教育の基本を「幼児期の教育は，生涯にわたる人間形成の基礎を培う重要なものであり，幼稚園教育は，学校教育法に規定する目的及び目標を達成するため，幼児期の特性を踏まえ，環境を通して行うものであることを基本とする。」と示しています。また，その第２章においては,「健康」「人間関係」「環境」「言葉」「表現」の５領域での「ねらい及び内容」が示され，その中の「人間関係」でのねらいは，

（1） 幼稚園生活を楽しみ，自分の力で行動することの充実感を味わう。
（2） 身近な人と親しみ，関わりを深め，工夫したり，協力したりして一緒に活動する楽しさを味わい，愛情や信頼感をもつ。
（3） 社会生活における望ましい習慣や態度を身に付ける。

とあり，道徳教育と深い関連があります。これは『保育所保育指針』『幼保連携型認定こども園教育･保育要領』においても同様の方向性が示されています。

【小・中学校】

【高等学校】 高等学校における道徳教育は，公民科やホームルーム活動を中心に，各教科・科目等の特質に応じ，学校の教育活動全体を通じて行われます。2018（平成30）年『高等学校学習指導要領解説　総則編』（Ｐ 12）では，道徳教育は，校長の方針の下，道徳教育推進教師を中心に全教師で取り組むよう新たに示されました。また，公民科に新たに設けられた「公共」及び「倫理」並びに特別活動が，人間としての在り方生き方に関する中核的な指導の場面とされています。高等学校における道徳教育の目標は小・中学校とほぼ共通の目標に向かい行われていますので，小・中学校における道徳教育も踏まえつつ，生徒の発達の段階にふさわしい道徳教育を行うことが大切です。

14 補充，深化，統合とは？

ANSWER!

道徳教育を調和的に行うための道徳科の役割

新学習指導要領の目標には掲げられていない文言ですが，道徳科が道徳教育の要としての補充，深化，統合の役割をもつという考え方は，前学習指導要領から引き継がれています。つまり道徳科は，各教科，（小学校では外国語活動，）総合的な学習の時間及び特別活動において，道徳教育の視点からは取り扱う機会が十分でない内容項目における道徳的価値を補充，深化，統合する役割を担っているということです。

では，補充，深化，統合とはどのような意味合いをもっているのでしょうか。

★補充って？

道徳の授業で，学校の諸活動で考える機会を得られにくい道徳的価値について補うことをいいます。各教科等の固有の目標を達成する過程で，様々な道徳的価値について考える機会があります。このような指導を教師が意図的に行いますが，すべての内容について考えることは難しいです。このような考える機会を得にくい道徳的価値について考えることを補充します。

道徳的価値すべてについて考える機会があるかな？

★深化って？

道徳の授業で，道徳的価値の意味や自己との関わりについて考えを深めることをいいます。教科等や生活の中で様々な道徳的価値について考えますが，すべてを常に深く，広く考えているとは限りません。そうした道徳的価値の意義やよさについてじっくりと考えを深化させていきます。

道徳的価値をいつでもじっくりと考えられるかな？

★統合って？

道徳の授業で，道徳的価値の相互関連や全体的なつながりなどについて考え，新たな感じ方や考え方を生み出すことをいいます。道徳科でこれまでの自分の学習や体験などを通して道徳的価値について考えたり，感じたりしたことを統合して全体的なつながりで考えられるようにします。

道徳的価値について全体的なつながりを意識しているかな？

道徳教育全体計画の別葉を活用し，計画的に指導することが大切です。

道徳科を要として，補ったり，深めたり，捉え直したりすることが大切です

15「特別の教科　道徳」の目標は？

ANSWER!

道徳性を養う

特別の教科　道徳（道徳科）の目標は？

第１章総則第１の２に示す道徳教育の目標に基づき，よりよく生きるための基礎となる道徳性を養うため，道徳的価値の理解を基に，自己を見つめ，物事を（中学校では広い視野から）多面的・多角的に考え，自己の（中学校では人間としての）生き方についての考えを深める学習を通して，道徳的な判断力，心情，実践意欲と態度を育てる。

『学習指導要領解説　特別の教科　道徳編』（小 P16，中 P13）

道徳科の学習は，目標に向かって行われます
さあ，道徳科の目標をひも解いてみましょう

道徳的諸価値の理解とは・・・

将来児童生徒が出会うであろう様々な問題に対し，自己の生き方を考え主体的判断に基づいて道徳実践を行うためには，道徳的価値の意義を理解することが大切です。ただし，道徳的価値自体を知識として，観念的に理解させるものではありません。道徳的価値の理解とは，道徳的価値のよさやそれを実現することの難しさを自分との関わりで理解することです。ある一つの価値について，多面的・多角的に理解することが求められます。

例えば……

価値理解—道徳的価値の大切さを理解する。

「きまりを守るって大切だな。」

「夢に向かってがんばるって素敵だな。」

人間理解—道徳的価値は大切であるが，実現することは難しい。

「ルールを守ることは大切だけど，いつもちゃんとはできないなあ。」

「友達のがんばりは認めたいけど，時々うらやましく思ってしまうなあ。」

他者理解―道徳的価値の実現に向けては多様な感じ方や考え方がある。

「私はこう思ってたけど，○○さんはそう考えていたのね。」

「やさしさは相手によっていろいろな捉え方があるのね。」

自己を見つめるとは

外側から客観的に自分を見つめ，自分との関わりで道徳的価値を見つめます。

「私も主人公の気持ちがよくわかるなあ。同じように悲しむだろう。」

「こんな場面だったら，私はこんなふうに考えるなあ。」

物事を多面的・多角的に考えるとは

児童生徒が将来出会うであろう問題は，答えが一つではありません。物事を多面的・多角的に考える学習を通して，多様さを学びます。

「私はこう考えたけど，○○さんはそう考えたのか。なるほど。」

「主人公の立場から考えるとそうだけど，主人公の友達の立場だとそう考えるんだ。立場が変わると，いろいろな見方・考え方ができるなあ。」

自己の（人間としての）生き方についての考えを深めるとは

児童生徒がねらいとする道徳的価値を自分自身の問題として向き合うことで，生き方に対する考え方が深まっていきます。

「これからは，あきらめずに挑戦していこう。」

「相手の立場になって，親切にしていこう。」

⬇

これらの学習を通して

道徳性の諸様相である，道徳的な判断力，心情，実践意欲と態度を育てます。

16 道徳教育の内容って何だろう？

ANSWER!

児童生徒が道徳性を発展させるための窓口

『学習指導要領解説』（小 P22）には，「内容」は教師と児童が人間としてのよりよい生き方を求め，共に考え，語り合い，その実行に努めるための共通の課題であるとされています。学校の教育活動全体の中で，様々な場や機会を捉え，児童生徒自らが調和的な道徳性を育むためのものです。道徳科はもとより，すべての教育活動において指導すべき内容です。

また「内容項目」とは，児童生徒が自覚を深め，自分のものとして身につけ発展させていく必要がある道徳的価値を含む内容を，短い文章で平易に表現したものです。児童生徒は日常生活における様々な関わりの中で育まれます。その基本的な関わりが，自分から他者，そして社会，崇高なものへと広がるよう四つの視点で示されています。そして，四つの視点の関わりを豊かにしていくための道徳的価値意識を22の指導内容項目のキーワードで示しています。すべての内容項目を取り上げ指導します。

四つの視点

AからDへと，関わりがどんどん広がっていきます

Aの視点

A　主として自分自身に関すること

自己の在り方を自分自身との関わりで捉え，望ましい自己の形成を図ることに関するものです。

Bの視点

B　主として人との関わりに関すること

自己を人との関わりにおいて捉え，望ましい人間関係の構築を図ることに関するものです。

Cの視点

C　主として集団や社会との関わりに関すること

自己を様々な社会集団や郷土，国家，国際社会との関わりにおいて捉え，国際社会と向き合うことが求められている我が国に生きる日本人としての自覚に立ち，平和で民主的な国家及び社会の形成者として必要な道徳性を養うことに関するものです。

Dの視点

D　主として生命や自然，崇高なものとの関わりに関すること

自己を生命や自然，美しいもの，気高いもの，崇高なものとの関わりにおいて捉え，人間としての自覚を深めることに関するものです。

この四つの視点は，相互に深い関連をもっています。小学校低学年においては 19，中学年 20，高学年 22，中学校 22 の内容項目を指導します。また，道徳科の授業では，内容項目を配列した順番どおりに行う必要はありません。さらには，これらの指導内容は，児童生徒の実態や発達段階に応じて重点化し，繰り返し指導することが効果的です。

【内容項目指導の観点，小学校高学年の例】

1　善悪の判断，自律，自由と責任
2　正直，誠実
3　節度，節制
4　個性の伸長
5　希望と勇気，努力と強い意志
6　真理の探究
7　親切，思いやり
8　感謝
9　礼儀
10　友情，信頼
11　相互理解，寛容
12　規則の尊重
13　公正，公平，社会正義
14　勤労，公共の精神
15　家族愛，家庭生活の充実
16　よりよい学校生活，集団生活の充実
17　伝統と文化の尊重，国や郷土を愛する態度
18　国際理解，国際親善
19　生命の尊さ
20　自然愛護
21　感動，畏敬の念
22　よりよく生きる喜び

内容項目を正しく理解するためには？

『学習指導要領解説』（小 P26 ～ 71, 中 P24 ～ 69）の「内容項目の指導の観点」をよく読み込むことが大切です。また，ここには，小学校低学年から中学校までの内容項目が示されていますから，これらの内容項目を比較することで，道徳性の発達段階がよく理解できます。

学習指導要領 「特別の教科 道徳」 内容項目一覧（平成29・30年改訂）

内容項目（小学校）	小学校第１学年及び第２学年（19）	小学校第３学年及び第４学年（20）
A 主として自分自身に関すること		
善悪の判断，自律，自由と責任	(1) よいことと悪いこととの区別をし，よいと思うことを進んで行うこと。	(1) 正しいと判断したことは，自信をもって行うこと。
正直，誠実	(2) うそをついたりごまかしをしたりしないで，素直に伸び伸びと生活すること。	(2) 過ちは素直に改め，正直に明るい心で生活すること。
節度，節制	(3) 健康や安全に気を付け，物や金銭を大切にし，身の回りを整え，わがままをしないで，規則正しい生活をすること。	(3) 自分でできることは自分でやり，安全に気を付け，よく考えて行動し，節度のある生活をすること。
個性の伸長	(4) 自分の特徴に気付くこと。	(4) 自分の特徴に気付き，長所を伸ばすこと。
希望と勇気，努力と強い意志	(5) 自分のやるべき勉強や仕事をしっかり行うこと。	(5) 自分でやろうと決めた目標に向かって，強い意志をもち，粘り強くやり抜くこと。
真理の探究		
B 主として人との関わりに関すること		
親切，思いやり	(6) 身近にいる人に温かい心で接し，親切にすること。	(6) 相手のことを思いやり，進んで親切にすること。
感謝	(7) 家族など日頃世話になっている人々に感謝すること。	(7) 家族など生活を支えてくれている人々や現在の生活を築いてくれた高齢者に，尊敬と感謝の気持ちをもって接すること。
礼儀	(8) 気持ちのよい挨拶，言葉遣い，動作などに心掛けて，明るく接すること。	(8) 礼儀の大切さを知り，誰に対しても真心をもって接すること。
友情，信頼	(9) 友達と仲よくし，助け合うこと。	(9) 友達と互いに理解し，信頼し，助け合うこと。
相互理解，寛容		(10) 自分の考えや意見を相手に伝えるとともに，相手のことを理解し，自分と異なる意見も大切にすること。
C 主として集団や社会との関わりに関すること		
規則の尊重	(10) 約束やきまりを守り，みんなが使う物を大切にすること。	(11) 約束や社会のきまりの意義を理解し，それらを守ること。
公正，公平，社会正義	(11) 自分の好き嫌いにとらわれないで接すること。	(12) 誰に対しても分け隔てをせず，公正，公平な態度で接すること。
勤労，公共の精神	(12) 働くことのよさを知り，みんなのために働くこと。	(13) 働くことの大切さを知り，進んでみんなのために働くこと。
家族愛，家庭生活の充実	(13) 父母，祖父母を敬愛し，進んで家の手伝いなどをして，家族の役に立つこと。	(14) 父母，祖父母を敬愛し，家族みんなで協力し合って楽しい家庭をつくること。
よりよい学校生活，集団生活の充実	(14) 先生を敬愛し，学校の人々に親しんで，学級や学校の生活を楽しくすること。	(15) 先生や学校の人々を敬愛し，みんなで協力し合って楽しい学級や学校をつくること。
伝統と文化の尊重，国や郷土を愛する態度	(15) 我が国や郷土の文化と生活に親しみ，愛着をもつこと。	(16) 我が国や郷土の伝統と文化を大切にし，国や郷土を愛する心をもつこと。
国際理解，国際親善	(16) 他国の人々や文化に親しむこと。	(17) 他国の人々や文化に親しみ，関心をもつこと。
D 主として生命や自然，崇高なものとの関わりに関すること		
生命の尊さ	(17) 生きることのすばらしさを知り，生命を大切にすること。	(18) 生命の尊さを知り，生命あるものを大切にすること。
自然愛護	(18) 身近な自然に親しみ，動植物に優しい心で接すること。	(19) 自然のすばらしさや不思議さを感じ取り，自然や動植物を大切にすること。
感動，畏敬の念	(19) 美しいものに触れ，すがすがしい心をもつこと。	(20) 美しいものや気高いものに感動する心をもつこと。
よりよく生きる喜び		

小学校第５学年及び第６学年（22）	中学校（22）	内容項目(中学校)
A 主として自分自身に関すること		
(1) 自由を大切にし，自律的に判断し，責任のある行動をすること。 (2) 誠実に，明るい心で生活すること。	(1) 自律の精神を重んじ，自主的に考え，判断し，誠実に実行してその結果に責任をもつこと。	自主，自律，自由と責任
(3) 安全に気を付けることや，生活習慣の大切さについて理解し，自分の生活を見直し，節度を守り節制に心掛けること。	(2) 望ましい生活習慣を身に付け，心身の健康の増進を図り，節度を守り節制に心掛け，安全で調和のある生活をすること。	節度，節制
(4) 自分の特徴を知って，短所を改め長所を伸ばすこと。	(3) 自己を見つめ，自己の向上を図るとともに，個性を伸ばして充実した生き方を追求すること。	向上心，個性の伸長
(5) より高い目標を立て，希望と勇気をもち，困難があってもくじけずに努力して物事をやり抜くこと。	(4) より高い目標を設定し，その達成を目指し，希望と勇気をもち，困難や失敗を乗り越えて着実にやり遂げること。	希望と勇気，克己と強い意志
(6) 真理を大切にし，物事を探究しようとする心をもつこと。	(5) 真実を大切にし，真理を探究して新しいものを生み出そうと努めること。	真理の探究，創造
B 主として人との関わりに関すること		
(7) 誰に対しても思いやりの心をもち，相手の立場に立って親切にすること。 (8) 日々の生活が家族や過去からの多くの人々の支え合いや助け合いで成り立っていることに感謝し，それに応えること。	(6) 思いやりの心をもって人と接するとともに，家族などの支えや多くの人々の善意により日々の生活や現在の自分があることに感謝し，進んでそれに応え，人間愛の精神を深めること。	思いやり，感謝
(9) 時と場をわきまえて，礼儀正しく真心をもって接すること。	(7) 礼儀の意義を理解し，時と場に応じた適切な言動をとること。	礼儀
(10) 友達と互いに信頼し，学び合って友情を深め，異性についても理解しながら，人間関係を築いていくこと。	(8) 友情の尊さを理解して心から信頼できる友達をもち，互いに励まし合い，高め合うとともに，異性についての理解を深め，悩みや葛藤も経験しながら人間関係を深めていくこと。	友情，信頼
(11) 自分の考えや意見を相手に伝えるとともに，謙虚な心をもち，広い心で自分と異なる意見や立場を尊重すること。	(9) 自分の考えや意見を相手に伝えるとともに，それぞれの個性や立場を尊重し，いろいろなものの見方や考え方があることを理解し，寛容の心をもって謙虚に他に学び，自らを高めていくこと。	相互理解，寛容
C 主として集団や社会との関わりに関すること		
(12) 法やきまりの意義を理解した上で進んでそれらを守り，自他の権利を大切にし，義務を果たすこと。	(10) 法やきまりの意義を理解し，それらを進んで守るとともに，そのよりよい在り方について考え，自他の権利を大切にし，義務を果たして，規律ある安定した社会の実現に努めること。	遵法精神，公徳心
(13) 誰に対しても差別をすることや偏見をもつことなく，公正，公平な態度で接し，正義の実現に努めること。	(11) 正義と公正さを重んじ，誰に対しても公平に接し，差別や偏見のない社会の実現に努めること。	公正，公平，社会正義
(14) 働くことや社会に奉仕することの充実感を味わうとともに，その意義を理解し，公共のために役に立つことをすること。	(12) 社会参画の意識と社会連帯の自覚を高め，公共の精神をもってよりよい社会の実現に努めること。	社会参画，公共の精神
	(13) 勤労の尊さや意義を理解し，将来の生き方について考えを深め，勤労を通じて社会に貢献すること。	勤労
(15) 父母，祖父母を敬愛し，家族の幸せを求めて，進んで役に立つことをすること。	(14) 父母，祖父母を敬愛し，家族の一員としての自覚をもって充実した家庭生活を築くこと。	家族愛，家庭生活の充実
(16) 先生や学校の人々を敬愛し，みんなで協力し合ってよりよい学級や学校をつくるとともに，様々な集団の中での自分の役割を自覚して集団生活の充実に努めること。	(15) 教師や学校の人々を敬愛し，学級や学校の一員としての自覚をもち，協力し合ってよりよい校風をつくるとともに，様々な集団の意義や集団の中での自分の役割と責任を自覚して集団生活の充実に努めること。	よりよい学校生活，集団生活の充実
(17) 我が国や郷土の伝統と文化を大切にし，先人の努力を知り，国や郷土を愛する心をもつこと。	(16) 郷土の伝統と文化を大切にし，社会に尽くした先人や高齢者に尊敬の念を深め，地域社会の一員としての自覚をもって郷土を愛し，進んで郷土の発展に努めること。	郷土の伝統と文化の尊重，郷土を愛する態度
	(17) 優れた伝統の継承と新しい文化の創造に貢献するとともに，日本人としての自覚をもって国を愛し，国家及び社会の形成者として，その発展に努めること。	我が国の伝統と文化の尊重，国を愛する態度
(18) 他国の人々や文化について理解し，日本人としての自覚をもって国際親善に努めること。	(18) 世界の中の日本人としての自覚をもち，他国を尊重し，国際的視野に立って，世界の平和と人類の発展に寄与すること。	国際理解，国際貢献
D 主として生命や自然，崇高なものとの関わりに関すること		
(19) 生命が多くの生命のつながりの中にあるかけがえのないものであることを理解し，生命を尊重すること。	(19) 生命の尊さについて，その連続性や有限性なども含めて理解し，かけがえのない生命を尊重すること。	生命の尊さ
(20) 自然の偉大さを知り，自然環境を大切にすること。	(20) 自然の崇高さを知り，自然環境を大切にすることの意義を理解し，進んで自然の愛護に努めること。	自然愛護
(21) 美しいものや気高いものに感動する心や人間の力を超えたものに対する畏敬の念をもつこと。	(21) 美しいものや気高いものに感動する心をもち，人間の力を超えたものに対する畏敬の念を深めること。	感動，畏敬の念
(22) よりよく生きようとする人間の強さや気高さを理解し，人間として生きる喜びを感じること。	(22) 人間には自らの弱さや醜さを克服する強さや気高く生きようとする心があることを理解し，人間として生きることに喜びを見いだすこと。	よりよく生きる喜び

コラム

合唱曲「旅立ちの日に」

全国の中学校の卒業式では，合唱曲「大地讃頌」と並び，本書 31 ページで紹介した合唱曲「旅立ちの日に」が多くの中学校で歌われています。また，最近では，小学校の卒業式でも歌われるようになりました。

1988(昭和 63) 年，埼玉県にある秩父市立影森中学校の校長の小嶋登先生は，「精一杯歌を歌えば心は健やかに成長する」という信念をもち，歌声の響く学校づくりに踏み出しました。当時の音楽科の坂本浩美先生は，校長のリーダーシップのもと，他の先生方と心を一つにし，全校をあげて合唱に取り組んでいきました。生徒たちは先輩の歌う姿にあこがれ，歌声は先輩から後輩へと受け継がれていきました。

３年後，１年生の時から歌声の響く学校づくりを一緒にがんばってきた３年生へのプレゼントとして合唱曲「旅立ちの日に」は先生方によって歌われました。校長の小嶋先生が作詞し，音楽科の坂本先生が作曲したのです。卒業生には，卒業アルバムとともに，その楽曲の楽譜が贈られました。

その後，影森中学校の卒業の歌となったこの楽曲は反響をよび，周辺の学校から全国の学校へと広がっていきました。この楽曲からは，生徒たちのことを心の底から思い，その無限の可能性を信じて，『中学校を巣立った後もいつまでも見守り，応援し続けていくよ』という先生方の熱く温かな願いがひしひしと伝わってきます。そんな先生方や仲間と心を一つに合唱し，共に中学校時代を過ごした様々な思い出は宝であり，自分を信じ人生を切り拓く力になっていきました。影森中学校の卒業生の中には，辛い時，苦しい時，ふと立ち止まってこの歌を口ずさみ，よみがえる熱き思い出を胸に，また前に向かって歩き出す人も多いと聞きます。中学校を巣立っても，共に歌い，一緒に過ごした学校生活の思い出は，卒業生の心のよりどころとして，いつまでもその胸の中に生き続けているのです。

どの学校でも，部活動や委員会では先輩や後輩の絆も強く，協力し合って活動しているのが一般的ですが，学校の一員としての自覚や，自分たちの学校への誇りや愛着は十分とはいえないのが実情です。そこで，このような思いや願いのこもった合唱曲「旅立ちの日に」の歌を通して，学校のよさや伝統を考える機会とし，中学校生活の大半を共に過ごす教師，先輩，地域の方々への感謝や尊敬の気持ちを育むとともに，みなで力を合わせ，もっとこの学び舎を素敵にしていこうという意欲を育てたいものです。

（当時の音楽科の高橋（旧姓 坂本）浩美先生へのインタビューをもとに作成）

道徳の指導方法

本章「道徳の指導方法」では，
教育活動全体を通して行う道徳教育
及びその要となる道徳科の指導計画や，
多様な指導方法の特徴を理解し，
教材研究や指導案作成の演習を通して
実践的な指導力を身につけます。

1 道徳教育の全体計画って？

ANSWER!

学校の教育活動全体を通して道徳性を養うための全体計画

『学習指導要領解説　総則編』（小 P129，中 P132）には，「全体計画の作成に当たっては，児童（生徒）や学校，地域の実態を考慮して，学校の道徳教育の重点目標を設定するとともに，道徳科の指導方針，第３章特別の教科道徳の第２に示す内容との関連を踏まえた各教科，（小学校では外国語活動，）総合的な学習の時間及び特別活動における指導の内容及び時期並びに家庭や地域社会との連携の方法を示すこと。」と示されています。

道徳教育の全体計画は，校長の道徳教育の方針の下，学校の教育目標や育てたい児童生徒像から道徳教育の目標を焦点化し，道徳教育推進教師を要として全教師が協力して作成します。学校における道徳教育の基本的な方針を示すとともに，学校の教育活動全体を通して道徳教育の目標を達成するための方策を総合的に示します。また，全体計画を家庭や地域社会に公表し，理解を得ることにより，保護者や地域の人々の積極的な参加や協力が得られるばかりでなく，学校・家庭・地域社会の三者による一貫した道徳教育が可能となります。道徳教育の全体計画は，各学校において特色を生かし，独自に作成するものです。一定の形式や作成のための決まった手順はありません。よりよい教育活動のため，Plan → Do → Check → Action のＰＤＣＡサイクルに基づく見直しと改善の体制をしっかりと確立してください。

【全体計画の意義】

(1) 各学校の特色や実態及び課題に即した道徳教育が展開できます。
(2) 学校における道徳教育の重点目標を明確にします。
(3) 道徳教育の要として，道徳科の位置づけや役割が明確になります。
(4) 全教師による一貫性のある道徳教育が組織的に展開できます。
(5) 道徳科の年間指導計画を作成するよりどころとなります。
(6) 教師が作成に関わることでその重要性や特質を理解できます。

【全体計画の内容の概要】

(1) 関係法規
(2) 市の施策や方針

(3) 学校や地域の実態や課題
(4) 教職員や保護者，地域社会の願い
(5) 学校の教育目標
(6) 校長の方針（可視化することも一つの方法です。）
(7) 道徳教育の重点目標（学校の教育目標と関連させ，焦点化します。）
(8) 各学年の重点目標
(9) 道徳科の指導方針
(10) 各教科，（小学校では外国語活動，）総合的な学習の時間及び特別活動との関連

全体計画作成の手順

校長は，学校の道徳教育の方針を全教師に明確に示します。

道徳教育推進教師は，校長の方針を受け，話合いを通して道徳教育の重点を決定し，全体計画や全体計画別葉作成の計画を立てます。

全教師は，協力し合い，共通理解を図ってみんなで作成に当たります。別葉では，各教科等における指導の内容や時期，また，家庭や地域社会との連携の在り方を一覧にまとめます。具体的で活用しやすい指導計画を作成しましょう。

常に見直しと改善をし，よりよい指導を目指しましょう
道徳部会や学年会，教科等部会で……

道徳教育全体計画例　（中学校）

関連法令
・日本国憲法・教育基本法
・学校教育法
・学習指導要領等

学校の教育目標
・心豊かな生徒
・自ら学ぶ生徒
・粘り強く取り組む生徒

教職員の願い
・学ぶ力の育成
・粘り強い実践力と正しい判断力の育成
・思いやりの心の育成
・勤労，奉仕の心の育成
・自主，自律の育成

校長の方針を可視化するのも一つです

学校経営方針
本校の教育目標を達成するために，教職員の共通理解のもと，家庭・地域社会と連携を図り，魅力ある学校づくりに務める。

・地域や保護者から信頼される学校の創造

【校長の方針】
↓
【道徳教育の重点目標】
・豊かな心をもち，思いやりのある心を育てる。
・自ら学び，実践する意欲を養う。
・自他の生命を尊重する姿勢を培う。
・何事も粘り強く取り組む姿勢を培う。

学校の教育目標や校長の方針を受け，道徳教育の重点目標を設定します

教職員，保護者の願う生徒像
・強い意志と正しい判断力をもち行動する生徒
・思いやりをもち，自他を尊重する生徒
・健康で体力のある生徒
・明るく素直な生徒

各学年ごとの指導の重点目標

1　年	2　年	3　年
・他人を思いやる心情を育てる。 B 思いやり，感謝 ・自ら進んで意欲的に学習に取り組む態度を養う。 A 自主，自律，自由と責任 ・自主的に取り組み，最後までやり遂げる強い意志を育てる。 A 希望と勇気，克己と強い意志	・互いに認め合い，高め合うよりよい人間関係を育てる。 B 友情，信頼 ・進んで考え，充実した生き方を求める態度を育てる。 A 向上心，個性の伸長 ・何事にも希望と勇気をもって努力する心情を培う。 A 希望と勇気，克己と強い意志	・周囲を思いやり，調和して生きようとする広い心を育てる。 B 思いやり，感謝 ・自ら課題を発見し，解決していく能力を養う。 A 自主，自律，自由と責任 ・より高い目標をもち，それに向かって努力する態度を育てる。 A 希望と勇気，克己と強い意志

道徳科の指導方針
・道徳的価値及び人間としての生き方について自覚を深める。
・生徒一人一人の道徳的判断力を高め，道徳的心情を豊かにし，道徳的実践意欲の向上を目指す。
・体験的な活動と密接に関連させ指導する。
・ティームティーチング，ロールプレイ，写真・DVD，BD 等の使用，保護者や地域の人材の活用など創意工夫ある指導を展開する。

各教科	特別活動	総合的な学習の時間	生徒指導	進路指導
・各教科の目標との関連を図り，教科指導の充実を図る。 ・主体的・意欲的に取り組めるよう学習指導の充実を図る。	・生徒相互や教師と生徒の人間関係を深めさせる。 ・集団活動を通じて集団の中の一員としての自覚を深めさせる。 ・自主的な実践を通じて生き方の自覚を深めさせる。	・自ら課題を発見し，主体的に解決する力や，情報を収集したり整理し，発表，討論する力を身につけさせていく。 ・自分自身を見つめ，他を尊重しながらも，自分なりの価値観を育めるよう援助する。	・他人と調和して生活できる心情を養う。 ・主体的に取り組み，粘り強くやり遂げる姿勢を培う。 ・より高い自己決定を図れるよう支援する。	自分の特色や将来の生き方を考えさせ，自分にふさわしい進路を選択するとともにその実現に向けて努力するよう援助する。

実践の場

教育環境の整備
道徳教育を効果的に進め，人間としての生き方についての自覚を深めるための，環境づくりに努める。
・人間関係の充実
・校舎，校庭や教室の整備
・言語環境の改善
・学校図書館の整備

特色ある教育活動等の指導内容を示します

豊かな体験
道徳的実践を促したり，育成したりするための豊かな体験の場の充実に努める。
・各授業
・学級活動
・部活動
・総合的な学習の時間
・様々な行事

家庭・地域社会との連携
・家庭や社会との交流を密にし，協力体制を整える。
・保護者や地域の人材を授業に活用
・毎学期１度の地域公開型授業
・学校だよりや学校ＨＰによる発信
・道徳だよりの発行
・PTA 活動や学校，家庭，地域連絡会での啓発
・体験活動の充実

家庭や地域社会との連携を示します

道徳教育との関連した指導内容や時期は別葉で示します

教科	目標	教科	目標
国語	相手の立場を尊重した言語活動ができ，多様な考えを理解できる心を育てる。	英語	異文化を理解し，互いのよさを認め合いながら国際的視野で考える心を育てる。
社会	人間尊重の意義を理解し，民主的な社会をつくり人類の幸福を目指す態度を育てる。	音楽	美しいものに対する感性を培い，共に感動体験ほ共有する心を育てる。
数学	互いの考えを発表し合うなかで，多な考え方にふれ，理解し，そのよさを学ぼうとする態度を育てる。	美術	表現や鑑賞の活動を通して人間存在の尊さを理解する心を育てる。
		保健体育	健康の保持増進に努め，調和のとれた生活を目指そうとする態度を育てる。
理科	自然に対する畏敬の念や，自然と調和して生きようとする態度を育てる。	技術家庭	日常的な知識を習得し，実生活をよりよくしようとする態度を育てる。

2 全体計画の別葉って？

ANSWER!

教育活動全体と道徳教育の関連を図る指導計画

道徳教育は学校の教育活動全体を通して行われますが，全体計画に詳細を盛り込むことは難しいです。そこで，道徳教育とすべての教育活動との関連を図った指導計画が必要となります。これを別葉といいます。全体計画や年間指導計画は作成が義務づけられていますが，別葉には作成義務はありません。

しかし，学校生活すべてにおいて統一をもって道徳教育を計画的に推進することで，道徳教育を効果的，調和的に進めることができます。また，別葉には特定の様式もありませんが，おおむね各教科，外国語活動及び総合的な学習の時間，特別活動や学校行事などの豊かな体験と道徳科の内容項目との関連を図り作成します。『学習指導要領解説　総則編』（小 P134，中 P137）には，各教科の指導と道徳教育との関連が示されています。学習時期や教材との関連を相互に図り，指導の効果を高めましょう。（P48 参照）

別葉においても，全体計画や年間指導計画と同様，常にＰＤＣＡサイクルでの見直しと改善が図られるような体制づくりが必要です。

『学習指導要領解説　総則編』（小 P133，中 P136）では，「各教科等でどのように道徳教育を行うかについては，学校の創意工夫によるところであるが，各教科等は，各教科等の目標に基づいてそれぞれに固有の指導を充実させる過程で道徳性が養われる（中学校では育まれる）ことを考え，見通しをもって指導することが重要である。」と示されています。（P49 参照）

各教科等の特質に応じて道徳の内容に関わる事項を明確にし，それらを意識しながら指導しましょう。また，温かでかつ弾力的な学級の雰囲気を醸成し，その中で自分の考えをしっかりと発表し，友達の意見をよく聞き，協働して課題に粘り強く取り組む姿勢を培うことは，望ましい道徳性を育成し，学習効果を高めます。教師の言葉や姿勢，熱意なども児童生徒の道徳性の育成にとっては大切なことです。

道徳教育全体計画　別葉例（中学校）

A	主として自分自身に関すること	学校行事	生徒会・委員会 係活動	体験活動	関連する活動
(1)	自律の精神を重んじ，自主的に考え，判断し，誠実に実行してその結果に責任をもつこと。			２年生：自然の教室（９月）	
(2)	望ましい生活習慣を身に付け，心身の健康の増進を図り，節度を守り節制に心掛け，安全で調和のある生活をすること。	入学式（４月） 身体測定	挨拶運動（４月） 給食週間（１月）	２年生：職場体験（９月）	
(3)	自己を見つめ，自己の向上を図るとともに，個性を伸ばして充実した生き方を追求すること。	全校三者面談（12月）		２年生：職場体験（９月）	学校総合体育大会（６月）新人戦（10月）
(4)	より高い目標を設定し，その達成を目指し，希望と勇気をもち，困難や失敗を乗り越えて着実にやり遂げること。				百人一首大会（２月）
(5)	真実を大切にし，真理を探究して新しいものを生み出そうと努めること。		学校保健委員会（６月）		
B	主として人との関わりに関すること				
(6)	思いやりの心をもって人と接するとともに，家族などの支えや多くの人々の善意により日々の生活や現在の自分があることに感謝し，進んでそれに応え，人間愛の精神を深めること。				
(7)	礼儀の意義を理解し，時と場に応じた適切な言動をとること。	卒業式（３月）		２年生：職場体験（９月）	
(8)	友情の尊さを理解して心から信頼できる友達をもち，互いに励まし合い，高め合うとともに，異性についての理解を深め，悩みや葛藤も経験しながら人間関係を深めていくこと。	体育祭（６月）		２年生：職場体験（９月）	
(9)	自分の考えや意見を相手に伝えるとともに，それぞれの個性や立場を尊重し，いろいろなものの見方や考え方があることを理解し，寛容の心をもって謙虚に他に学び，自らを高めていくこと。	生徒総会（６月）	生徒会選挙（９月）	２年生：職場体験（９月）	
C	主として集団や社会との関わりに関すること				
(10)	法やきまりの意義を理解し，それらを進んで守るとともに，そのよりよい在り方について考え，自他の権利を大切にし，義務を果たして，規律ある安定した社会の実現に努めること。			２年生：自然の教室（９月）	
(11)	正義と公正さを重んじ，誰に対しても公平に接し，差別や偏見のない社会の実現に努めること。	体育祭（６月）	人権週間（12月）	２年生：職場体験（９月）	
(12)	社会参画の意識と社会連帯の自覚を高め，公共の精神をもってよりよい社会の実現に努めること。	３年生：修学旅行（５月）	生徒会選挙（９月）		
(13)	勤労の尊さや意義を理解し，将来の生き方について考えを深め，勤労を通じて社会に貢献すること。	生徒会選挙（９月）	校区環境美化活動	２年生：職場体験（９月）	
(14)	父母，祖父母を敬愛し，家族の一員としての自覚をもって充実した家族生活を築くこと。	全校三者面談（12月）			
(15)	教師や学校の人々を敬愛し，学級や学校の一員としての自覚をもち，協力し合ってよりよい校風をつくるとともに，様々な集団の意義や集団の中での自分の役割と責任を自覚して集団生活の充実に努めること。	１年生：遠足（５月）			
(16)	郷土の伝統と文化を大切にし，社会に尽くした先人や高齢者に尊敬の念を深め，地域社会の一員としての自覚をもって郷土を愛し，進んで郷土の発展に努めること。	学校公開日（４月）			
(17)	優れた伝統の継承と新しい文化の創造に貢献するとともに，日本人としての自覚をもって国を愛し，国家及び社会の形成者として，その発展に努めること。	３年生：修学旅行（５月）			
(18)	世界の中の日本人としての自覚をもち，他国を尊重し，国際的視野に立って，世界の平和と人類の発展に寄与すること。	３年生：修学旅行（５月）			
D	主として生命や自然，崇高なものとの関わりに関すること				
(19)	生命の尊さについて，その連続性や有限性なども含めて理解し，かけがえのない生命を尊重すること。				
(20)	自然の崇高さを知り，自然環境を大切にすることの意義を理解し，進んで自然の愛護に努めること。		学校保健委員会	２年生：自然の教室（９月）	
(21)	美しいものや気高いものに感動する心をもち，人間の力を超えたものに対する畏敬の念を深めること。				
(22)	人間には自らの弱さや醜さを克服する強さや気高く生きようとする心があることを理解し，人間として生きることに喜びを見いだすこと。	合唱コンクール（10月）			

道徳の内容と各教科の内容との関連（中学校）

各教科	各教科における道徳教育の指導の方針	具体的な単元名と実施時期・道徳の内容項目との関連		
		1年生	2年生	3年生
国語	相手の立場を尊重した言語活動ができ，多様な考えを理解できる心情を育てる。	**10月「ベンチ」** ユダヤ人への迫害の歴史から，人権や差別について考える。 C 公正，公平，社会正義	**5月「近代の短歌」** 我が国の優れた伝統文化が，現代にどのように受け継がれているかを知る。 C 我が国の伝統と文化の尊重，国を愛する態度	**1月「故郷」** 主人公にとっての故郷の意味を表現をもとに考える。 C 郷土の伝統と文化の尊重，郷土を愛する態度
社会	個人の尊厳と人権尊重の意義を理解し，人類の幸福を目指す態度を育てるとともに，伝統と文化を尊重し，それらを育んできた我が国と郷土を愛する心を育む。	**5月「世界の人々の生活と多様な文化」** 人々の生活の様子を学ぶなかで，多様な文化を尊重する態度を養う。 C 国際理解，国際貢献	**12月「豊かな自然の日本」** 日本の自然環境の特色を明らかにし，そのよさを見つめる。 D 感動，畏敬の念	**7月「人権を守る」** 基本的人権を守り発展させていくためには，不断の努力が必要であることを理解する。 C 公正，公平，社会正義
数学	主体的に問題解決に取り組み，追求するするとともに，多様な考えに触れ，他の考え方のよさを学ぼうとする態度を育む。	**4月「正の数と負の数」** 身近な事象の中に，新しい数としての負の数の存在があることに感動する。 D 感動，畏敬の念	**5月「連立二元一次方程式」** 方程式を連立させることの意味を理解し，問題解決に活用しようとする姿勢を育む。 A 向上心，個性の伸長	**4月「多項式」** 多項式の形や因数分解を理解し，目的に応じた式の変形を，自ら工夫しながら意欲的に見いだそうとする姿勢を身につける。 A 自主，自律，自由と責任
理科	生命を尊重し，自然と調和して生きようとする態度を養うとともに，科学的に探究する能力を育て，科学的な見方や考え方を養う。	**5・6月「さまざまな植物」** 広く植物のつくりや働きについての関心を高め，生物の多様性に気づく。 D 感動，畏敬の念	**9・10月「大地の活動」** 地震や火山活動による地殻の変化に関心をもち，特徴を理解することができる。 D 自然愛護	**12月「宇宙の星空」** 宇宙や天体の美しさや壮大さに関心をもち，意欲的に観察しようとする。 D 感動，畏敬の念
音楽	美しいものに対する感性を培い，共に感動体験を共有する心情を養う。	**9・10月「合唱の響き」** 積極的に仲間と協力してよりよい合唱を創ろうとする姿勢を育てる。 B 友情，信頼	**6月「交響曲の形式」（「運命」）** 困難にも負けず，音楽に生涯を捧げたベートーベンの楽曲の素晴らしさを味わう。 A 真理の探究，創造	**1月「日本の伝統音楽」（雅楽「越天楽」）** 長い歴史の中で日本人が生み出した工夫や独特の美意識を知る。 C 我が国の伝統と文化の尊重，国を愛する態度
美術	造形活動を通じて創造の喜びを味わい，人間存在の尊さを理解する心を育てる。	**5月「ポスターデザイン」** ポスターカラーを使って主体的にデザインをする。 A 自主，自律，自由と責任	**9月「作品発表会」** 互いの作品発表会を通じて自分の思いを伝えたり他者の感性に触れたりする。 B 相互理解，寛容	**9月「私の名前」** 自分の名前に込められた思いをイメージし，てんこく制作をする。 A 向上心，個性の伸長
保健体育	健康の保持増進に努め，調和のとれた生活を目指そうとする態度を育てる。	**4月「体つくり運動」** 身体の機能について理解し，体つくり運動の方法を知り，心身の健康の増進を図る。 A 節度，節制	**9月「陸上競技（長距離走）」** 自己の能力に適した課題をもち，記録向上を目指して粘り強く努力する態度を身につける。 A 希望と勇気，克己と強い意志	**6月「球技」** チームにおける自己の役割を知り，フェアなプレイを守り，協力して活動しようとする態度を育てる。 C よりよい学校生活，集団生活の充実
技術・家庭科	日常的な知識を習得し，実生活をよりよくしようとする態度を育てるとともに，家庭生活における実践的な活動を通して家庭での役割を理解し協力や感謝の心を養う。	技術 **4月「生活の中の技術」** 生活や産業の中で用いられている技術が果たしている役割を理解する。 C 勤労	**9月「木材加工」** 木材を使って生活が便利になるような作品を制作することで，木材のもつあたたかさや自然に感謝する気持ちを育てる。 D 自然愛護	**1月「ロボット制作」** 自ら考え，思い通りに仕事をさせるために，工夫改善し，課題解決に迫る。 A 自主，自律，自由と責任
		家庭科 **4月「コーディネイト」** 衣服の役割や着用目的を知り，快適に着用する工夫を身につける。 A 節度，節制	**4月「食生活改善」** 自分の食生活を振り返り，食事内容を改善する。 A 節度，節制	**1月「家族生活」** 家族の立場や役割を理解し，よりよい家族関係を築こうとする姿勢を身につける。 C 家族愛，家庭生活の充実
英語	異文化を理解し，互いのよさを認め合いながら国際的視野で考える心を育てる。	**5月「あいさつ」** コミュニケーションの第一歩としての挨拶と，自己紹介の仕方を身につける。 B 礼儀	**9月「ホームステイ」** 外国の学校生活についての情報を得ることで，異文化を理解しようとする姿勢を身につける。 C 国際理解，国際貢献	**1月「しつけ」** しつけについての英文を通して家族についての在り方を考える。 C 家族愛，家庭生活の充実

3 道徳科の年間指導計画は？

ANSWER!

すべての内容項目を計画的，発展的に学ぶための指導計画

道徳科の年間指導計画とは，道徳科の指導が道徳教育の全体計画に基づき，児童生徒の発達の段階に即して計画的，発展的に行われるよう全学年にわたって組織された指導計画のことです。学習指導要領に示されている指導内容を主題化して，学年段階ごとに年間35時間（小学校1年生は34時間）にわたって配列し，授業計画の大要を示します。年間指導計画は，各学校の校長の方針の下，道徳教育推進教師を中心に全教師で作成します。

その意義は？

・6年間（中学校では3年間）を見通した計画的，発展的な指導を可能にします。
・それぞれの学級において道徳科を具体的に指導する際に立案する学級の指導計画（指導案など）を作成するよりどころとなります。
・学級相互，学年相互の教師間の研修などの手がかりとなります。

様式は特に決められてはいませんが……

年間指導計画の内容は

○各学年の基本方針

全体計画に基づいた，道徳科における各学年の基本方針

○各学年の年間にわたる指導の概要

【指導の時期】 学年または学級ごとの実施予定の時期

【主題名】 ねらいと教材で構成した主題を端的に表したもの

【ねらい】 児童生徒に身につけさせたい道徳性の内容や観点

【教材名】 指導で用いる中心的な教材の題名と出典，補助教材や予備教材等

【主題構成の理由】 ねらいに含まれる道徳的価値の理解やその必要性

【学習指導過程と指導の方法】 発問，指導上の留意点，評価等

【他の教育活動等における道徳教育との関連】 関連する教育活動や体験活動，学級経営の取組等

【その他】 校長や教頭などの参加及び教師の協力的な指導の計画，保護者や地域の人々の協力の計画，複数の時間取り上げる内容項日等

内容項目の重点化は？

内容項目の指導については，生徒や学校の実態に応じて重点的指導を工夫し，内容項目全体の効果的な指導が行えるよう配慮する必要があります。その場合には，学校が重点的に指導しようとする内容項目の指導時間数を増やし，一定の期間をおいて繰り返し取り上げます。

みんなで作ろう

学習指導案作成のよりどころです
中心発問もしっかり押さえましょう

【年間指導計画例　３年「卒業文集最後の二行」】

時期・主題名 教材名 指導項目	主題構成の理由 ねらい [関連指導項目]	学習活動と主な発問	豊かな体験との関連 ＊その他
○月第○週 主題名 差別を許さない （C 公正，公平，社会正義） 教材名 「卒業文集最後の二行」 （出典　文部科学省『私たちの道徳　中学校』）	【主題構成の理由】 誰に対しても分け隔てなく接し，正義ある行為がとれるよういじめの愚かさを理解させ，他者を傷つけるだけの無意味な行動は断固として許されないことを捉えさせる。 【ねらい】 卒業後長い歳月を経ても風化することのない主人公の自責の念を考えることを通して，正義の大切さに気づき，誰に対しても公正，公平に接し，差別や偏見のない社会を実現しようとする態度を育てる。	①どんな気持ちで主人公はT子さんをけなしていたのだろう。 ②目の前が真っ白になり，同時に真っ暗になってもT子さんを責めた主人公の気持ちはどのようなものだったのだろう。 ◎③卒業文集最後の二行を読んだ主人公が，果てもなく泣いたのはなぜだろう。 （中心発問） ④その後の主人公は，どのような思いを抱いて生きてきたのだろう。	・人権週間 ・いじめ撲滅運動 ＊T子さんの痛みに寄り添う発問も補助的に行う。

『学習指導要領解説』（小 P72, 中 P70）には，道徳科の年間指導計画の作成にあたって，「道徳教育の全体計画に基づき，各教科，（小学校では外国語活動，）総合的な学習の時間及び特別活動との関連を考慮しながら，道徳科の年間指導計画を作成するものとする。なお，作成に当たっては，第２に示す（小学校各学年段階の）内容項目について，（小学校では相当する）各学年において全て取り上げることとする。その際，児童（生徒）や学校の実態に応じ，２学年間（中学校では３学年間）を見通した重点的な指導や内容項目間の関連を密にした指導，一つの内容項目を複数の時間で扱う指導を取り入れるなどの工夫を行うものとする。」と示されています。

常に見直しと改善が図れる体制を工夫しましょう

計画を変更する場合は，校長や他の教員に相談しましょう

4 道徳教育推進教師って何？

ANSWER!

道徳教育の推進の要

道徳教育は校長の方針の下，全教師が協力して推進していきます。そしてその要となるのが道徳教育推進教師です。教師の分担を明確に，全教師が協力し合って参画する指導体制を確立することが大切です。

道徳教育推進教師は，2008（平成20）年の学習指導要領の改訂において新たに設置されました。その役割としては，

① 道徳教育の指導計画の作成に関すること
② 全教育活動における道徳教育の推進・充実に関すること
③ 道徳科の充実と指導体制に関すること
④ 道徳用教材の整備・充実・活用に関すること
⑤ 道徳教育の情報提供や情報交換に関すること
⑥ 授業の公開など家庭や地域社会との連携に関すること
⑦ 道徳教育の研修の充実に関すること

　年間の研修計画に校内研修を適切に位置づけ，教師の資質向上を目指します。研修内容をどのようにするのか，研修をいつ，何回位置づけるか等を管理職の先生や教務主任の先生，道徳部の先生とよく相談しましょう。研修内容は，授業に関して／評価に関して／指導計画に関して／重点に関して／学年で／教科で／家庭や地域社会との連携／異校種との連携など多岐にわたります。

⑧ 道徳教育における評価に関すること

　道徳科における指導方法や評価の在り方を明確にし，評価事例を累積して共有することが大切です。

⑨ 道徳コーナーの設置など環境整備に関すること
⑩ 道徳ノートづくりに関すること
⑪ 幼稚園，小学校，中学校との連携に関すること，などが求められます。

道徳教育推進教師が全体を掌握しながら，全教師の参画の下に道徳教育が円滑に推進され，充実していくように働きかけていくことが望まれます。

全体計画や年間指導計画の見直しと改善を図るための体制づくりも必要です
例えば，常に改善を目指せるよう，指導計画を拡大コピーして職員室等に掲示し，気がついた教師が赤字や付箋を入れられるようにするなど工夫しましょう

5 道徳の授業のオリエンテーションはなぜ必要なの？

ANSWER!

道徳科の授業の心構えをつくる

教師も児童生徒とともに師弟同行の学習者であるということを忘れてはなりません。そして道徳科の時間がどのような時間であるか，授業に臨む姿勢などについてオリエンテーションを通して確認し合い，道徳科の時間に対する意欲を高め，これから迎える道徳科の時間に対する期待をもたせていくことは大変重要なことです。道徳科の時間は，道徳的価値が介在する問題や課題に対して，自己を見つめ，自他の多様な考え方や感じ方が交流されることを通して，物事を多面的・多角的に考え，内面的資質としての道徳性を育成することを目指します。

オリエンテーションであっても，教材を活用し，ねらいをもって臨みましょう。

○導入で

これまでの道徳科の授業を想起させながら，道徳科の時間の意義を確認していきましょう。

○展開で

人生について考えさせる詩などを提示しながら，道徳科の授業に向かう心構え，お互いが安心して発表できる学級風土づくり，友達の意見を傾聴する姿勢，道徳の問題を自分の課題として考える姿勢などを確認しながら進めましょう。

○終末で

児童生徒がこれからの道徳科の授業に希望や期待を膨らませることができるような，心に残る終末を工夫しましょう。

【学習上のルールを説明しましょう】

○先生や友達の話や意見をよく聞き，自分の考えを広げたり深めたりします。
○自分の意見が相手に伝わるようしっかりと述べます。
○道徳上の問題を自分のこととしてよく考えます。
○小グループやペアトークなど話合いの進め方に留意します。
○道徳ノートの使い方
など，授業に臨む姿勢やルールを説明します。

6 ローテーション道徳って？

ANSWER!

持ち回りで授業を実施

かねてより，道徳科の指導は児童生徒の実態をよく知っている担任が行うことが原則とされてきました。それは今後も変わりませんが，より柔軟性をもって児童生徒の道徳性を育むために，校長や教頭が授業に参加したり，各教師が持ち回りで協働的に授業を行ったりすることも求められるようになりました。具体的には，教師の得意とする内容項目で，自分の担任するクラス以外にも出向いて授業を行うものです。学級担任として配置されている教師だけではなく，副担任も授業を持ち回りで行います。教師の指導力向上や複数の目による評価など，利点もあります。ある一定の実施期間を決めて実施していくことが望ましいです。2016（平成28）年7月の道徳教育に係る評価等の在り方に関する専門家会議での「『特別の教科　道徳』の指導方法・評価等について」（報告）では，

- 同じ教材を繰り返し指導することにより，教師の指導力が増すのではないか。
- 複数体制の指導により，担任が児童生徒を見取ることが可能になるのではないか。
- 多くの目で児童生徒の学習状況や道徳性に係る成長の様子を把握し，評価につなげることができるのではないか。
- 教師の得意とする道徳授業を展開することで，より質の高い授業を行うことができるのではないか。
- 道徳科への教師の意欲が高まるのではないか。

等の組織的な指導体制への取組が提起されました。

道徳科の時間は各校で教師が相互に参観し合えるよう，同じ曜日の同じ時間に設定されていない場合が多いです。ローテーション道徳は毎回行うのではなく，短いある一定の期間を決めて計画的に実施し，実施後には必ず教師間で情報交換をし合いながらよりよい指導を目指しましょう。

【ローテーション道徳実施の例】

	A組	B組	C組
○月第1週	○○先生（○日○校時）	□□先生（○日○校時）	◇◇先生（○日○校時）
○月第2週	◇◇先生（○日○校時）	○○先生（○日○校時）	□□先生（○日○校時）
○月第3週	□□先生（○日○校時）	◇◇先生（○日○校時）	○○先生（○日○校時）

7 質の高い多様な指導方法って？

ANSWER!

授業改善を目指した指導方法

2016（平成28）年7月の道徳教育に係る評価等の在り方に関する専門家会議「『特別の教科　道徳』の指導方法・評価等について」（報告）において，

「読み物教材の登場人物への自我関与が中心の学習」

「問題解決的な学習」

「道徳的行為に関する体験的な学習」

などの質の高い多様な指導方法が示されました。ここでいう「多様な」とは，上記に示した三つの指導方法に固定しないということです。主な学習方法に力点を置きながらも，それぞれの要素を組み合わせた型にとらわれない多様な指導方法に取り組むことが大切です。

それぞれは独立した型を示しているのではありません

指導方法それ自体が目的にならないようにね

(1) 読み物教材の登場人物への自我関与を中心とした学習

教材の登場人物に自己を投影し，その判断と心情を自分との関わりで捉え，道徳的価値を多面的・多角的に考え，価値への理解を深めます。登場人物の行為の根底にある思いや，理由などを問う発問を工夫することが大切です。

例えば……　「あなたならどうしますか。」

「主人公はなぜ，そのようにしたのでしょう。」

「主人公はどのような思いで行動したのでしょう。」　など

(2) 問題解決的な学習

今後の人生で出会うであろう様々な道徳的価値に関わる問題や課題を主体的に解決するために必要な資質・能力を養うものです。ここでいう問題とは道徳上の問題であり，生活上の問題を扱うものではありませんが，学習成果をその後の日常生活で生かしていくことが求められます。教材が問題解決的な学習に適した問いを設定できるかどうかをよく吟味してください。

その問いを通して，

例えば……　「なぜ，そうなったのか。」

「どうしてそのようなことが起こったのか。」
「ここでは何が問題なのだろう。」
「どうすればよかったのだろう。」
「本当の〇〇とは何だろう。」
「よりよい解決のためにはどうしたらよいのだろう。」

などを追求しながら，自分だったら道徳上の問題をどう解決するかを深く考えていきます。

道徳的諸価値が実現されていなかったり，理解が不十分であったり，それを実現できる自分とそうでない自分との間に葛藤があったりする場合に道徳的な問題が発生します。あくまでも，児童生徒が主体となり道徳上の問題を発見し，課題意識をもつことが重要です。

何が問題になっているのか，登場人物の考えや行動は適切なのか，どのような影響を与えているのかを考え，よりよい解決策を吟味しながら打ち出していきます。個々の課題意識を学級全体の課題として共有し考えます。

『学習指導要領解説』（小 P96，中 P97）では，ねらいとする道徳的価値を追求し，多様な感じ方や考え方により学ぶことができるような指導方法が求められています。

例えば……

〇主題に対する生徒の興味や関心を高める導入の工夫
〇他者の考えと比べ自分の考えを深める工夫
〇主題を自分との関わりで捉え自己を見つめ直し，発展させていくことへの希望がもてるような終末の工夫

などです。

(3) 道徳的行為に関する体験的な学習 （実感する）

道徳的行為に関する体験的な学習は，道徳的価値を実感を伴って考えを深め，主体的に課題に迫ることを目指します。体験的な学習といっても，実際には，様々なアプローチがあります。

★ 特別活動と体験活動の関連づけ

特別活動における多様な実践活動や体験活動の豊かな体験を道徳科と響かせ，指導していきます。例えば，〈C よりよい学校生活，集団生活の充実〉をねらいとした道徳の授業では，合唱コンクールで学級の生徒が一丸となって取り組んだ体験を導入や展開，終末に生かすこともできます。道徳教育は

学校の教育活動全体を通して行われるため，各教科や行事にはそれぞれの固有の目標があっても，多くの道徳的価値を内包しています。体験から発した実感を伴った道徳的価値を想起させながら授業を展開することも大切です。総合単元的道徳学習などでも活用してみましょう。道徳授業の前の豊かな体験を，ねらいとする道徳的価値と関連づけ授業に取り入れることでより，その意義を深く実感できます。また，道徳授業での学習を意識的に，実践や習慣に結びつけていくことも大切です。

【疑似体験的な表現活動】

動作化，劇化や役割演技などの疑似体験的な表現活動を通して，実際の問題場面を実感を伴って理解することで，様々な問題や課題を主体的に解決するために必要な資質・能力を養います。

★ 動作化って？

教材の登場人物の動作を模倣し，実際に児童生徒が行うことです。登場人物になりきり，登場人物の感じ方や考え方を自分との関わりで考え，道徳的価値のよさや意義，実現の難しさなどを理解します。

★ 劇化って？

教材の内容にそって動作や会話文を用いて演技することです。ねらいとする道徳的価値が描かれている内容を理解し，自分との関わりで考えることを促します。よく考えさせたい場面を再現してみましょう。

★ 役割演技って？

役割演技は動作化や劇化とは異なり，児童生徒に特定の場面での役割を与えて即興的に演じさせます。瞬時の即興的対応は，児童生徒の本音を引き出し，相手の予測できない応答に対応していくことで，相手を尊重したり，相手の立場を理解したりする対人関係能力も育成されていきます。観ている児童生徒に演者の表情やしぐさに着目させ，心情や判断について想像させることが大切です。体験的行為そのものを目的とせず，授業の中に適切にかつ，効果的に取り入れることが重要です。その効果としては，

・主体的な実践力を身につけます。
・創造的に適応する力を身につけます。

・情緒的な安定感をもたせ，道徳性を内面化します。
・相手の立場になって行動する態度を育てます。
・道徳的価値を体得し，実践意欲を高めます。

などが考えられます。

活用上の基本事項

・即興性を重視します。
・役割交代をします。
・演技力に関係なく，誰でも参加できる方法です。
・中断法を取り入れて，役割演技を進展させます。
　授業者が演技を中断し，助言を行います。

進め方の例

・雰囲気づくり
・条件設定 — 場面や役割などを理解させます。
・即興的役割演技をします。
・演技の中断と話合いを行います。
・役割を交代します。
・演技の終了 — 話合いをします。

　役割演技を見ていた学級全体の児童生徒と演技を行った児童生徒も含め，ねらいとする道徳的価値に関わる話合いを通して，道徳的価値の理解を深めます。

授業のすべてで行うのではなく，
授業の一部に取り入れてみましょう

【実体験活動】

実際に体験を授業の中で行います。

例えば……

- 導入で，車椅子体験やブラインドウォークなどを通して体験的に理解します。
- お母さんのおなかの中に息づく赤ちゃんの心音を聞き，鼓動を感じ取ります。
- 礼儀作法などの学習で，その意義を理解し，実際に所作を体得します。

【実物の観察】

教材の内容に関わる写真や映像を見たり，実物に触れたりします。

例えば……

- 理科の授業での生命の誕生の学習を想起させ，生命の尊さについて考えます。
- 盆栽に触れながら，日本のよさについて考えます。

【エクササイズ】

構成的グループ・エンカウンター（ＳＧＥ），モラル・スキル，モラル・ジレンマなどのエクササイズを通して，道徳的価値の大切さを実感しながらスキルを学ぶことができます。道徳教材の指導と関連づけて指導することが大切です。

例えば……

構成的グループ・エンカウンターでは，導入から入り，エクササイズを通して集団の場を形成し，シェアリングを通して振り返りを分かち合います。自分を見つめると同時に相手のこともよく見つめることができます。この取組でも，ねらいとする道徳的価値を明確にする必要があります。

『学習指導要領解説』（小 P84, 中 P83）では，多様な指導方法の工夫として

- ・**教材を提示する工夫**：教師による範読が一般的ですが，劇のように提示したり，音声や音楽を生かしたりします。
- ・**発問の工夫**：考える必然性のある発問を通して，物事を多面的・多角的に考えさせます。
- ・**話合いの工夫**：座席の配置を工夫したり，ペアやグループなど話合いを工夫します。
- ・**書く活動の工夫**：学習の個別化を図り，十分時間を確保してじっくりと考えさせます。
- ・**動作化，役割演技など表現活動の工夫**：動作化や役割演技，表現物を伴った学習活動を通して実感的な理解を促します。
- ・**板書を生かす工夫**：思考を深めるよう，順接的な板書の他，対比的，構造的に示す工夫をします。
- ・**説話の工夫**：深い感銘を与え，主体的に道徳的価値を考えられるよう工夫します。

の七つが示されています。

8 問題解決的な道徳学習って？

ANSWER!

道徳的な問題を主体的に解決する学習

問題解決的な学習とは，児童生徒が道徳的な問題を主人公の心情に寄り添いながら，望ましい解決策を具体的に個人や集団で吟味することを通して，道徳性を養う学習です。道徳上の問題の所在を正確に把握し，具体的な解決策まで掘り下げて考えていきます。問題解決的な学習は，生活上の問題を扱うのではなく，道徳上の問題を扱います。そうして学習したことを日常生活にも反映し実践化を目指すものです。

問題解決的な道徳学習について，『学習指導要領解説』（小 P95）では，「道徳科における問題解決的な学習とは，ねらいとする道徳的諸価値について自己を見つめ，これからの生き方に生かしていくことを見通しながら，実現するための問題を見付け，どうしてそのような問題が生まれるのかを調べたり，他者の感じ方や考え方を確かめたりと物事を多面的・多角的に考えながら課題解決に向けて話し合うことである。」とし，『学習指導要領解説』（中 P96）では，「道徳科における問題解決的な学習とは，生徒一人一人が生きる上で出会う様々な道徳上の問題や課題を多面的・多角的に考え，主体的に判断し実行し，よりよく生きていくための資質・能力を養う学習である。」と示しています。道徳上の問題は，道徳的価値への理解が不十分であるため，道徳的な判断に誤りがあったり，理解はしているものの，実現することへの葛藤があったり，複数の道徳的価値が対立したりするために生じるものです。

学習にあたっては，学習形態そのものが目的化しないように留意しながら，ねらいを達成するために，ペア学習や小グループでの学習を適切に取り入れていきましょう。

では，読み物教材「涙を越えて」（著者による自作）を読んで，実際に発問に答えてみましょう

この教材は，筆者がお世話になった校長先生から，先生が若い頃，担任したクラスで実際にあったお話をお聞きし，読み物教材として脚色し教材化したものです。

読み物教材「涙を越えて」(著者による自作)

　ぬけるような秋空に，校舎のあちらこちらから響く歌声が吸い込まれていく。ぼくたち3年生にとっては，中学校生活最後の合唱コンクールが近づいてきた。他のクラスでは，もう選曲が決まり，練習が始まっている。でも，ぼくたちのクラスはまだ曲が決まっていなかった。というのも，裕一君が「授業で聴いた合唱曲ではなく，テレビで歌っている曲をみんなで歌えば優勝できるんじゃないか。」と言い張り，クラスの中がもめていたからだ。
「楽譜の無い曲をどうやってやるんだ。」
「最後の合唱コンクールだからどうしても優勝したいのに，本格的な合唱曲じゃなきゃ入賞できないじゃない。」
と，みんな必死に裕一君を説得していた。そのとき，突然裕一君が，
「みんなあのテレビで歌ってる『涙を越えて』っていう曲嫌い？　あれ素敵じゃない。かっこいいよね。いつまでもみんなが歌える大好きな歌を一緒に歌って優勝しようよ。」
と，大声で叫んだ。教室が一瞬しいんと静まり返った。その気迫にみんなが息をのんだ。すると，しばらくして，何人かの男子生徒が，
「いいじゃないか。やれるだけのことはやってみようよ。」
と，声を上げた。ざわざわとした教室の中にパラパラと拍手がわきおこった。そして，それはわれんばかりの大きな拍手に広がっていった。みんなの気持ちが一つになった。

　その日の帰り道，ぼくは何だかすっきりとした気分で，
「よかったな。いい思い出ができそうだ。」
と，裕一君に話しかけた。ところが，裕一君は，
「うん，でも，楽譜どうしよう。」
と，不安げな返事を返してきた。
(確かに，楽譜がなければコンクールにも出られない。)
ぼくもそう思ったが，とっさに，
「作曲者にアレンジを頼めばいいじゃないか。」
と，思いつきで言ってしまった。
「えっ，作曲者に。そんな……。作曲者は有名な人だよ。その先生がぼくたち

のためにアレンジしてくれると思う？」
と，裕一君は驚いた顔をまっすぐにぼくに向けた。
「あたってくだけろさ。さっそく電話してみようよ。」
「そうだなあ……でも……。でも，ただお願いしたたけじゃ引き受けてくれないかも。……そうだ，クラスの誰かが卒業間際に引っ越すから，最後の思い出の曲としてみんなで歌いたいって言ったらどうだろう，そしたらきっとうまくいくよ。ねえ，そうしよう。」
と目を輝かせて言ってきた。ぼくは一瞬ためらったが，祐一君はぐいっとぼくの腕をひっぱり，すでに公衆電話に向かっていた。

ぼくたちは，音楽事務所に電話をした。そして，祐一君の口からは，大事な友達がもうすぐ転校してしまうことも告げられた。ぼくの心臓は，ドックンドックンと早くなった。事務所の方は，三日後に返事をくれるということで，ぼくたちは受話器を置いた。

「いい返事がくればいいね。」
と，裕一君は明るい声で言った。
「そうだね。」
と，ぼくは答えた。本当はぼくも『涙を越えて』をみんなで歌いたい。でも，何だか心がすっきり晴れないまま，うかない返事を返してしまった。

それから三日後，担任の先生がニコニコしながら教室に飛び込んできた。
「おい，やったぞ，やったぞ。作曲者の先生が君たちに会ってくださるって連絡があったんだ。最後の思い出になればって言ってたけど，卒業も近いしなあ。ほんとう，いい思い出になるぞ。」
と，ぼくたちの肩をたたいてそう言った。その言葉に教室で歓声がわきあがった。ぼくたちは，思わず飛び上がって喜んだ。

翌日，裕一君とぼくたちクラスの代表は，作曲者の先生のもとを訪れた。先生は，快くぼくたちのために『涙を越えて』のアレンジを引き受けてくださった。先生は笑顔で，
「君たちがみんなで歌う最後の合唱曲だ。素敵なアレンジをがんばるよ。」
と言ってくださった。ぼくは先生の顔をまっすぐに見ることはできなかった。

合唱曲が完成すると，ぼくたちは猛烈に練習を開始した。みんな必死だったが，生き生きとしていた。歌えば歌うほど心がはずんでくる。

そして，ついに合唱コンクールの日がやってきた。みんなが一つになって歌い上げることができた。結果は入賞できなかったが，みんなうれしそうだった。担任の先生も満足げに拍手を送ってくれた。クラスが一つになり創り上げた合唱コンクールは，中学校生活の勲章になった。祐一君もあふれんばかりの笑顔をぼくに向けた。でもぼくは，何だか心の底から喜ぶことはできないままだった。

それからしばらくして，突然祐一君が学校を休んだ。次の日も登校しない。気になって先生に尋ねると，先生は声をつまらせながら，
「実は彼は，家の都合で突然引っ越してしまったんだよ。私も本当に驚いているんだ。」
と，力なく答えた。ぼくたちは，あまりに突然の出来事に言葉を失った。
（そんなことって……。うそをついたことが本当に起こってしまった。コンクールの後，みんなで手を取り合って，一緒に卒業しようと約束したのに……。）
教室には重たい空気が漂った。
「よんでこよう。裕一君をよんできて，お別れ会をしようよ。もう一度，あの曲をみんなで歌うんだ。」
ぽつんと誰かが言った。担任の先生も大きくうなずいている。
それからぼくたちは，引っ越した祐一君に連絡をとり，放課後の教室へ来てもらった。久しぶりの再会だった。胸のつまる思いをこらえ，声高らかに『涙を越えて』を合唱した。途中からみんなで肩を組んで歌い始めた。祐一君の目から涙があふれ出た。

お別れ会を終え，駅までの道すがら，ぼくたちはずっと何度も『涙を越えて』を口ずさんでいた。祐一君との残されたわずかな時間を精一杯大切にしたいというぼくたちの思いが歌声になった。歩きながら祐一君がぼくに向かって，
「うそが本当のことになっちゃったね。あんなうそ，つかなければ……。」

と，小さな声でささやいた。それから祐一君は何事もなかったかのような表情で前を向き，駅へと向かっていった。

ホームで見送るぼくたちに，祐一君はいつまでもいつまでも手を振っていた。どんどん小さくなる祐一君の姿が涙でかすんだ。

（とうとう祐一君は行ってしまった。）

帰り道，ぼくの頭の中には寂しさと，いまだにすっきりしないもやもやした思いが渦巻いていた。後ろから先生がポンと肩をたたいてきた。そして，

「いろいろあったなあ。寂しくなった。」

と言った。ぼくには，先生の「いろいろ」という言葉がひっかかった。

（やはり，先生は何もかも知っていて，そしてぼくたちのために……。）

という思いが一瞬よぎった。しかし一方では，

（これまでのことは，祐一君とぼくしか知らないことだ。祐一君もいなくなったし，作曲家の先生に言ったことは本当のことになったからいいじゃないか。黙っていれば誰も知らない。）

と，もう一人のぼくがささやいた。ぼくはすべてを振り払うように駆け足で家に向かった。

数日して，裕一君からぼくたちに手紙が届いた。担任の先生が張りのある声で読み上げてくれた。

「離れていても，つらいことがあっても，涙を越えて一緒にがんばっていこう。ぼくたちは，いつまでも一緒だ。ありがとうみんな。ありがとう，先生。」

みんなは顔を上げて，真剣に先生の言葉に聞き入っていた。ぼくには，手紙を読み上げる先生の声がどこか遠くから聞こえてくるような気がした。

しばらくの間ぼんやりと，ぼくは窓の外をながめながら祐一君の手紙の言葉を思い出し，これまでのことを考えていた。一見ドラマチックな一連の出来事に舞台裏があることを祐一君とぼくだけが知っている。ずっとそのままでいいのだろうか。曇りのない思い出の中にこそ，みんなで涙を越えて生きた証があるんじゃないか。ふと，そんな思いがわきあがってきた。

（祐一君，あのことは二人だけの秘密だったけど，やっぱり……。）

ぼくは，心の中でそう裕一君に語りかけ，先生のいる職員室へと向かった。

演習 **読み物教材「涙を越えて」で，問題解決的な道徳学習を行ってみましょう。発問に対する考えを空欄に書いてみましょう。ここでは二つの展開例を考えます。**

【授業の実際】

○ねらい

主人公がうそをついたことをごまかそうとする自分との葛藤を乗り越え，誠実に生きようとする思いを考えることを通して，自ら主体的に判断し，誠実に行動しようとする態度を育てる。〈A 自主，自律，自由と責任〉

○導入

「誠実」とはどういうことを意味しますか。

【展開例１】

① ここでは何が道徳的な問題なのですか。

② 二人がうそをついてまで編曲を頼んだことをどう思いますか。

③ 自分ならどうしていたでしょう。

④ なぜ（どんな思いで），主人公は職員室に向かったのでしょう。

ここで，職員室に行った主人公がどんなふうに自分の気持ちを語ったか，先生はそれに対し何と答えたかを役割演技を通して全体で考えてみることによっても実感を伴って考えることができます。役割演技は即興的に行うものです。あらかじめ考えさせず，行ってみましょう。

【展開例２】

① ここでは何が問題になっていますか。

② 主人公はどのようにすべきだったのでしょう。他に解決策はなかったのでしょうか。

③ どうしてそのように考えましたか。

④ その結果どのようになると思いますか。

また，別の展開として，上記などのように判断力を高める発問を工夫することもできます。

展開前段はグループで話し合い，展開後段では学級全体で解決策を話し合います。全体での話合いでは，各グループの解決策を発表し合い，よりよい解決策の方向性を検討します。

○終末

今日の学習を通して学んだことを，今後の生活にどのように生かしていきたいかを考えたり，教師の説話でしめくくったりします。

また，この場面では書く活動を取り入れることもできます。

【ワークシートを活用した書く活動】

演習 個別の学習として自己をじっくりと見つめたり，主人公になりきって考えたりするためには，書く活動が有効です。主人公がどのような思いで職員室へ向かったのか，主人公になりきって考えてみましょう。

9 発問とは？

ANSWER!

児童生徒の思考を促し，本音を引き出す

「発問」は「質問」とは異なります。児童生徒が本文から答えを探し出す質問とは異なり，発問によって思考していきます。児童生徒の意識の流れにそった発問や，考える必然性のある発問，柔軟に思考が広がる発問などを心がけます。「心」が直接書かれていない箇所を問いかけ，多様な意見を引き出す場合もあります。

副詞に気をつけよう

授業における発問の種類

○基本発問

価値の把握を効果的にするため，中心発問の前後におく発問です。教材の流れにそって発問したり，生活経験に照らして発問したりします。

○中心発問

ねらいとする価値を追求させる発問で重要です。

- 「心」が直接書かれていない箇所で問います。
- 行動を問うのではなく，見えない「心」を考えさせる発問をします。
- 判断理由や価値そのものの根拠を問います。
- 教材の副詞を丁寧に扱います。
- 学習のテーマに関わる発問をします。

教材のテーマそのものに関わってそれを掘り下げたり，追求したりする発問です。

例えば……　「○○はなぜ必要なのでしょう。」
「本当の○○とはどのようなことでしょう。」　など

○補助発問

意図する内容の角度を変えて考えさせる発問で，中心発問に向かうため，思考を掘り下げる補助的な発問です。

発問の数

発問の数は授業構成により様々です。一般的には，「導入」で１問，「展開」では基本発問が２～３問程度，中心発問が１問，「終末」で１問です。「展開」で中心発問１問だけで進める授業もあります。

発問の対象

○場面を問う

「気持ち」ばかりでなく，教材の中に描かれている場面に即して登場人物の心情や判断，行為の理由，価値そのものを問う発問です。

・道徳的な問題が発生し，主人公が葛藤したり，悩んだりする場面
（人間としての弱さや醜さなどの克服）
・主人公の心情が変化し，変容する場面は中心発問になりやすい。（覚醒）

例えば……

「○○の時，主人公はなぜ，そのようなことを考えたのでしょう。」

○教材を問う　教材のもつ意味について考えます。

○価値を問う　価値そのものを問い，考えます。

重層的な発問を考えましょう

【思考を促す発問】

教師と児童生徒の一問一答では，児童生徒の思考に深まりは得られません。教師は話合いのコーディネーターとして，話合いの重層化を図る発問により，児童生徒が多面的・多角的に物事を見つめながら自己内対話を深め，本音で語り合うことができるよう促すことが大切です。

特に，中心発問では，考えを深めたり，広めたりするために，

例えば……

「どうして主人公は生き方を変えたのだろう？」（原因を問う）
「なぜ，そう思ったの？」（根拠を問う）
「もう少し聞かせて，例えば……？」（より明確に問う）
「本当にそれでいいの？」（あえて批判して揺さぶりをかけ問う）
「同じ考えはあるかな，違う考えはあるかな？」（全員に問う）
「友達感覚って何？　別の言い方はありますか？」（言い換えを問う）
「お母さんと主人公の思いは同じかな？」（比較して問う）
「変化したきっかけは何？」（原因を問う）

など，教師は，発問に対する児童生徒のあらゆる反応を想定するなかで，「こういう発言があったら，こう問い返してみよう」という発言を類型化し，それに対する問い返しのスキルを磨くことで深い学びが促されていきます。

10 話合いの工夫は？

ANSWER!

実態やねらいとの関わりで工夫

話合いは，他者の意見を傾聴し，自分の意見を述べることを通して，考えを広げたり，深めたりする重要な学習活動です。他者の多様な感じ方から物事を多面的に考えていきます。言語活動を充実させることで，さらに自己との対話，他者との対話，教材との対話が深められます。

話合いの形態の工夫

★ ペアトーク

一対一で向き合うと，考えなくてはいけない必然性が出てくるため，自分の意見を自分の言葉で語るよう促されます。クラス全員の前で自分を語るほど，緊張感なく気軽に話し合うことができます。二人だと意見交流の幅は狭くなりますが，孤立者が出ることなく全員が話し合うことができるメリットもあります。

★ 小グループ（3名程度）

個人的には体験が少なくとも，小グループで話し合うことにより，細やかな応答で考えが深まることが期待されます。小集団での話合いは，一人一人の意見が反映されやすいです。考えを一つにまとめる必要はありません。

★ 生活班

生活班は，給食や清掃などの日常生活でも活動する集団なので，気心も知れ，話しやすいというメリットがありますが，一般的に6名前後となるため話合いに参加できない児童生徒が出てくる可能性があります。

グループトークでは全員が参加できるよう，発言の順番などのきまりをつくって臨みましょう

話し合うことが目的にならないように，ねらいに即して話合いは必要な場面で適切に取り入れましょう

★様々な小物の活用

○付箋

賛成や反対，よい点や改善点など，付箋を色分けし，そこへ各自理由を書き込んだ後，小グループでワークシートに貼って話合いを進めることによって，視点が明確になり，時間の短縮にもなります。また，授業が終わった後も記録として残しておくこともできます。

○ホワイトボード

個人で考えた後，小グループになり，ホワイトボードにキーワードを書き込んでいきます。論点を明確にしながら多様な意見を可視化できます。各グループのホワイトボードを黒板に掲示することで，クラス全体でも共有化できます。

○ネームプレート

友達がどのように考えているかを視覚的に捉えます。黒板に書かれたカテゴリーの自分の気持ちに近いところにネームプレートを貼り，考えが変わったらネームプレートを移動させ，なぜ変わったのかを明確にします。

○心情円盤や心情メーター

心の中を可視化します。「赤は○○の気持ち」「青は△△の気持ち」と設定し，心の葛藤を円グラフで表します。一人一人が微妙に割合が異なる点を視覚的にカバーできます。

○多色のチョークやマジック

いろいろな色を活用して区別することで，理解しやすく効果的です。

心情円盤

心情メーター

11 座席の工夫は？

ANSWER!

みんなで語り合う工夫

道徳科の時間の座席は，教師と児童生徒が向き合った対面の配置の場合，なかなか話合いを活性化することは難しいです。教師と児童生徒の一問一答にならないためには，発問の工夫も大切ですが，座席への配慮も必要です。座席の配置には，Uの字やコの字，椅子だけの配置，２グループでの対面など目的に応じて様々な形があります。

【コの字】

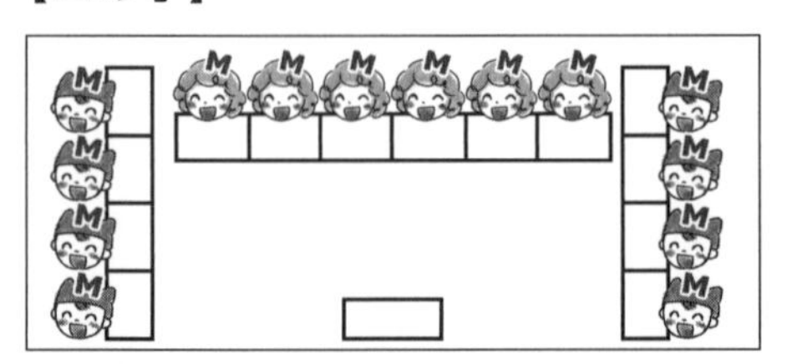

【Uの字】

【椅子だけ】

紙芝居での教材提示の場合など，椅子だけで近くに座ることで話しやすくなります。

【二つの立場に分かれた話合い】

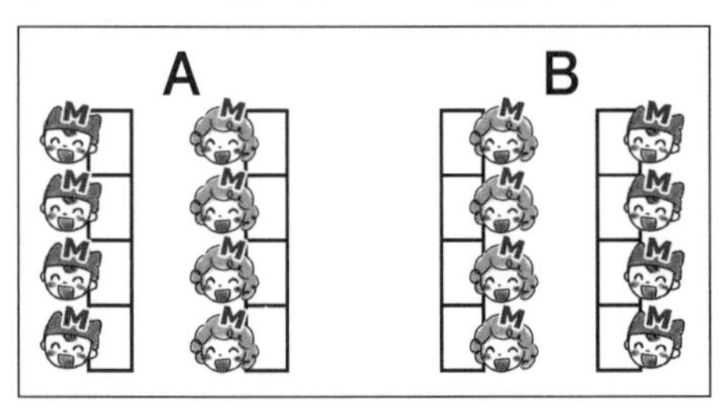

葛藤教材などを扱う場合，有効です。

【小グループや少人数】

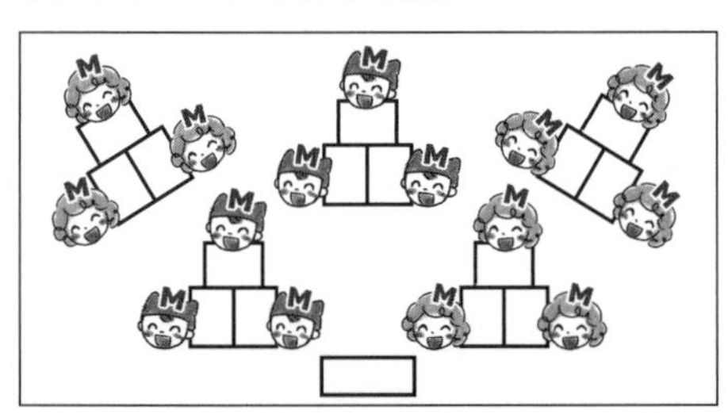

ペアや少人数で話合いの活性化を図ります。

12 道徳科の授業に音楽を活用する効果は？

ANSWER!

情操への働きかけ

心と音楽の結びつきは，太古の時代から脈々と続いています。古代エジプトでは，音楽を「魂の薬」とよんでいました。古代ギリシャにおいては，アリストテレスは著書『政治学』において音楽が人の精神に与える効力を論じ，プラトンは著書『国家』の中で，音楽は精神の訓練にとって大切なものであるとしています。また，中国で書かれた『礼記』では，音楽と礼儀との深い関わりが示されています。このように，音楽は人々の心を開かせ，潤すものとして古来，尊重されてきました。音楽のもつリズムや音色等が人の感性に働きかけ，様々な心模様を織りなします。情緒に働きかける音楽を道徳の授業で活用することで，豊かな情操と道徳心との相乗効果が期待できます。

音楽を愛好する心は，美しいものや崇高なものを尊重する心と直結します

つまり，道徳性の基盤を養うことにつながるんだね

どんな場面で音楽を活用するの？

○範読の際，音量を下げてＢＧＭを流します。
○書く活動の場面で，オルゴール音楽等を音量を下げＢＧＭとして流します。
○楽曲そのものを教材の一部として扱います。

例えば……　スマップの「世界に一つだけの花」を〈Ａ 向上心，個性の伸長〉の道徳の内容をねらいとした授業の一部で，楽曲そのものを扱います。

○終末でねらいと関連した楽曲を歌い（聴き）ます。

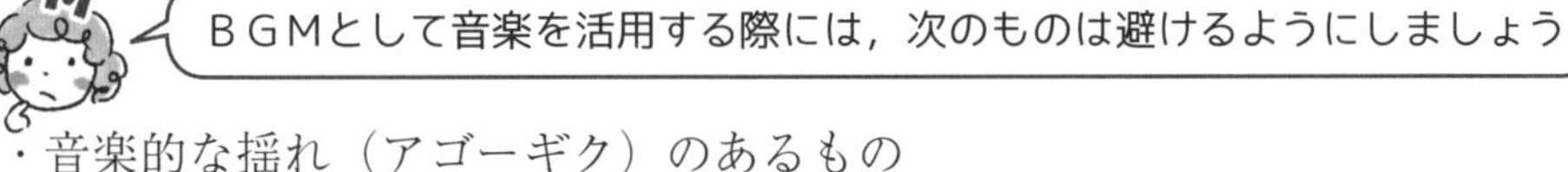

・音楽的な揺れ（アゴーギク）のあるもの
・強弱がはっきりしすぎているもの
・変拍子
・テーマ性が強く他のイメージを想起させるもの
・歌詞のあるもの
・休符，アクセントの多いもの
・テンポの速いもの（朗読の速さに即したもの）
・音域が高すぎるもの
・劇的すぎるもの

13 教材のもつ役割って？

ANSWER!

児童生徒の内面を映し出す鏡

読み物教材は，生き方についての考えを深めるための素材です。読み物教材を活用し，児童生徒は登場人物に自分を重ねて考え発表することを通して，自分自身を語ることができます。児童生徒一人一人の生活経験は異なります。その経験に基づいて道徳的価値を考えた場合，捉え方は多様です。そこで，「教材」という共通の素材をもとに学習することで，ねらいとする道徳的価値に迫ります。

教材の条件は

・教材の中の主人公を通して，自分たちの生活を見つめさせ，自分の生き方をより一層高める場面が描かれていることです。
・児童生徒にとって，理想的な存在のみでなく自分たちの生き方と共通するものが描かれていることです。
・考えざるを得ない切実な問題が扱われていることです。

教材の分類は

・伝達（表現）形態に基づく分類
　読み物教材
　視聴覚教材
・学習過程での位置づけからの分類
　中心教材
　補助教材
・経験との関連からの分類
　直接経験教材
　間接経験教材

教材の類型

（宮田丈夫著『道徳教材の類型と指導』1966 明治図書出版による）

宮田は，教材のもつ特質から四つの類型に分類しています。
知見教材：道徳的諸価値のよさや意義を考える教材です。
実践教材：習得実践を直接志向する内容の教材です。

感動教材：登場人物の生き方が感動を与える教材です。
葛藤教材：登場人物が葛藤する姿が描かれている教材です。

この他，

批判教材：登場人物の言動を批判する教材です。（いじめ問題など）

などがあります。教材をいずれかの類型に当てはめて考えることには難しいものがあります。授業者は明確な指導観をもち教材を活用しましょう。

教材の活用類型に基づく分類

（青木孝頼著『道徳資料の活用類型』1979 明治図書出版による）

同じ教材を扱っても，授業者の意図によって活用の方法が変わり，展開も変わってきます。青木は，教材の活用を以下の四つに類型化しています。

共感的活用：登場人物の気持ちを考えることで児童生徒に共感させ，自我関与させることで，登場人物に関連した道徳的価値を理解します。

批判的活用：登場人物の行為や考えを児童生徒に批判させ，道徳的な見方や考え方を深める。

例えば……「主人公をどう思いますか。」など。

範例的活用：登場人物の行為，生き方をお手本としてそのよさや意義を受け取らせます。

感動的活用：感動を大切にすることで，心を動かされた根拠を追求し，ねらいとする価値を把握させます。

この他として，

問題解決的活用：道徳上の問題を提示して活用します。

例えば……「自分ならどうしますか。」
「主人公はどうすればよかったのでしょう。」

などがあります。

教材提示の工夫

教材は，これまでは分割せず，全文を提示することを基本としてきました。しかし，多様な指導方法に即して，教材の提示の仕方も工夫されています。

全文提示：主に感動教材や範例教材などは全文を提示し話し合うことが望ましいです。

分割提示：問題解決的な学習などの場合は，問題を分割して提起し，話合いを進め，議論する場合があります。逆に追加で情報を示すこともあります。

入学間もない小学校１年生の道徳教材は，読み物教材の理解も難しいため，紙芝居やイラストを活用して授業を行うなど工夫しましょう

『学習指導要領解説』（小 P104, 中 P106）では，教材の具備する要件を次のように示しています。

> 教材については，教育基本法や学校教育法その他の法令に従い，次の観点に照らし適切と判断されるものであること。
> ア　児童（生徒）の発達の段階に即し，ねらいを達成するのにふさわしいものであること。
> イ　人間尊重の精神にかなうものであって，悩みや葛藤等の心の揺れ，人間関係の理解等の課題も含め，児童（生徒）が深く考えることができ，人間としてよりよく生きる喜びや勇気を与えられるものであること。
> ウ　多様な見方や考え方のできる事柄を取り扱う場合には，特定の見方や考え方に偏った取り扱いがなされていないものであること。

教材を通して，児童生徒がより意欲的に学習に取り組み，学習への充実感をもち，道徳的価値の内面的な自覚を深めることができるようにするために，さらに次のような教材の選択を心がけることが求められます。

教材の選択は？

① 児童生徒の感性に訴え，感動性の豊かな教材
② 人間の弱さやもろさに向き合い，生きる喜びや勇気を与えられる教材
③ 生と死の問題，人間としてよりよく生きることの意味などを深く考えさせられる教材
④ 体験活動や日常生活等を振り返り，道徳的価値の意義や大切さを考えさせられる教材
⑤ 多様な学習活動を可能にする教材

などの教材を選択することが大切です。

多様な教材を生かした指導

『学習指導要領解説』（小 P83, 中 P82）には，「道徳科では，道徳的な行為を題材とした教材を用いることが広く見られる。教材については，例えば，伝記，

実話，意見文（中学校では論説文），物語，詩，劇などがあり，多様な形式のものを用いることができる。それら（教材）を学習指導で効果的に生かすには，登場人物の立場に立って自分との関わりで道徳的価値について理解したり，そのことを基にして自己を見つめたりすることが求められる。」と，教材を扱う際には，児童生徒が道徳的価値を自分との関わりでしっかりと考えることができるよう学習指導過程の工夫が必要とされています。

道徳科に生かす教材

『学習指導要領解説』（小 P104, 中 P106）には，「道徳科に生かす教材は，児童（生徒）が道徳的諸価値についての理解を基に，自己を見つめ，物事を多面的・多角的に考え，自己の生き方についての考えを深める学習に資するものでなければならない。また，児童（生徒）が人間としての在り方や生き方などについて多様に感じ，考えを深め，互いに学び合う共通の素材として重要な役割をもっている。」と示されています。道徳科では教科書を主たる教材としながらも，多様な教材の活用も求められています。

教材を教えるのではなく，「この教材で何を考えさせたいのか」という明確な指導観をもちましょう

教材を開発しよう

日頃からアンテナを高くし，多様なメディアや書籍，新聞記事等への関心を高め，柔軟な発想をもち広く教材を開発してみましょう。

『学習指導要領解説』（小 P102，中 P104）では，「児童（生徒）の発達の段階や特性，地域の実情（中学校では事情）等を考慮し，多様な教材の活用に努めること。特に，生命の尊厳，（中学校では社会参画，）自然，伝統と文化，先人の伝記，スポーツ，情報化への対応等の現代的な課題などを題材とし，児童（生徒）が問題意識をもって多面的・多角的に考えたり，感動を覚えたりするような充実した教材の開発や活用を行うこと」と示されています。

教材で何を考えさせたいのかという，ねらいに迫る明確な指導観をもって開発にあたり，創意工夫ある活用を試みることが大切です。

14 魅力的な教材の開発って？

ANSWER!

教科書以外の教材の活用

2018（平成30）年から「特別の教科　道徳」がスタートしたことにより，教科書が配布され，教科書使用義務が課せられるようになりました。学校教育法では，教科用図書以外の図書その他の教材で，有益適切なものは，これを使用することができるとされています。検定教科書を主な教材として扱いながらも，児童生徒の実態に即し，地域教材などを含めた多様な教材の開発もまた，必要となります。

『学習指導要領解説』（小 P103, 中 P105）では，「道徳科においても，主たる教材として教科用図書を使用しなければならないことは言うまでもないが，道徳教育の特性に鑑みれば，各地域に根ざした地域教材（中学校では郷土資料）など，多様な教材を併せて活用することが重要となる。」と示されています。

魅力的な教材とは，児童生徒が共感し，道徳上の問題を自分の課題として考え，道徳的価値の内面的な自覚を深めるための手がかりを促すものです。

実話の自作教材には，

① 児童生徒の実態に即し開発できる。
② 適時性があり，児童生徒の心をひきつけることができる。
③ 実話としての強いインパクトがある。
④ 感動や揺さぶりが効果的にひきだせる。
⑤ ねらいを達成するのにふさわしい。

等の利点を十分に練り込んで作成することができるので，教師の願いや思いを反映しながら授業を試みることが可能です。

また，読み物教材の他にも新聞記事や写真，映像，絵本，学校生活での体験活動の映像音声教材や生徒作文など，教材の多様化を図ることによって，道徳科の時間が形骸化することなく，常に，新鮮な児童生徒の心の動きを求めていくことができます。体験の少ない現代の児童生徒にあっては，新鮮な教材に加え，生き方のモデルとしてのゲストティーチャーが授業に加わることも効果的です。

教材開発においては，教師自身が感動したものを，児童生徒に伝えたいという願いが反映されたものこそ，心を揺さぶる教材となります。ただし，偏った内容や教訓的なものを避けるという点からは，複数の目で開発を心がけるよう留意することが必要です。「教科用図書以外の教材を使用するに当たっては『学校における補助教材の適切な取扱いについて』（平成27年3月4日初等中等教育局長通知）などに関係する法規等の趣旨を十分に理解した上で適切に使用することが重要である。」と『学習指導要領解説』（小P106,中P108）には示されています。

★自作地域教材開発例【人生を変えた一杯のみそ汁】

さて，自作読み物教材「人生を変えた一杯のみそ汁」（本書P81参照）は，愛知県南部の知多半島の味噌蔵を実際に訪れ，自身の取材をもとに作成した自作読み物教材です。この素材との出会いは，ＴＶ報道でした。ＴＶを見た瞬間，主人公の生き方に，大変な感動を覚えました。みそ汁は私たちにとって極めて身近な日本の伝統食です。また，味噌は地方色豊かであり，日本人のソウルフードともいわれています。生徒たちは，小学校時の家庭科において，「米飯及びみそ汁の調理」の学習を通して，みそ汁の香りを嗅ぎ，味わうことを体験しています。

2013（平成25）年12月4日，みそ汁を含む「和食」は，ユネスコ無形文化遺産に登録されました。「和食」の食文化が，自然と一体になり，自然を尊重する日本人の心を現したものであり，それが脈々と世代を越えて受け継がれているという理由からです。また，舞台となった味噌蔵は，2016（平成28）年11月29日に「中定商店大五蔵」をはじめ，三棟が，国の登録有形文化財に指定されました。生徒たちは，こうした日本の独自性を保持しながら国際社会に認められる優れた伝統の真価を理解し，そのよさを見つめることで，日本人としての誇りと自覚をもって，国際社会の中で主体的に生き抜く力を育んでいきます。

味噌おけ

【写真提供】味噌・溜醤油酒造元中定商店

演習 範読してみよう

範読してみましょう。ゆっくりと情感を込めて――。

・範読とは，判読の意味も込め，聞いている児童生徒にわかりやすく補足説明しながら教材を読み聞かせることです。
・教材を読むときは，児童生徒全員が教材の内容を聞くことができるように，児童生徒に読ませず，教師が一読してください。
・一読後，話合い等へと入ります。必要がある場合は，朗読用ＣＤでも可能です。長い読み物教材の場合は，事前に読ませておくこともよいでしょう。
・読み聞かせる前に，読み聞かせを聞く観点や，主人公のおかれている条件や心の状態としての情況を伝えましょう。
・教材の提示は通読が原則です。しかし，ねらいを達成するためには分割して提示する場合もあります。例えば，問題部分だけを最初に提示する場合もあります。

読み物教材「人生を変えた一杯のみそ汁」（著者による自作）

「うまい。」
　ぼくは，生まれて初めてみそ汁がうまいと思った。それは，味噌屋を営んでいる友人の家に招かれてみそ汁をごちそうになった時のことだ。毎日何気なく食べているみそ汁がこんなにうまいものだと思わなかった。
当時，ぼくはエンジニアとして，仕事も充実し，次々に開発・研究を積み重ね，機械と一日中向き合う日を送っていた。そのぼくがごちそうになったみそ汁の味が忘れられず，すっかりとりこになってしまったのである。仕事をしていても，フッとみそ汁のことが頭をよぎり，気になって気になってしょうがなかった。
（あんなにうまいみそ汁は，どういうふうにつくっているんだろう。）
　いてもたってもいられず，ぼくはもう一度，味噌屋のおやじさんのもとにとんでいった。
「おやじさん，教えてください。どうしたらあんなにおいしいみそ汁ができるんでしょうか。」

おやじさんはうれしそうにニコニコしてぼくの話を聞いていたが，おもむろに口を開いた。
「この味噌屋は百年以上同じ作り方を守り続けてるんだよ。最近では日本の味噌屋の中にも，機械を使って味噌を作る店も増えてきとるがね。うちは，機械はいっさい使っとらんし，これから先もずっとずっと手作りでうまい味噌を作り続けるつもりだよ。日本の味だでね。」
『日本の味』この言葉がぼくの胸につきささった。
（なぜ，こんなにも手作りにこだわっているのだろう。）
エンジニアのぼくには，そこまで手作りにこだわるおやじさんの気持ちがよくわからなかった。考え込んでいるぼくに，
「ちょっとついておいで。」
と，おやじさんは声をかけ，味噌蔵の方へぼくを案内した。ガラガラっと蔵の扉をあけると，ぷうんと何とも言えない豆のよい香りがした。よく目をこらすと，うすぐらい蔵の中には，２メートルを越える巨大な味噌おけがいくつも並んでいた。一つのおけには，５トンもの味噌が入っている。何百年もの間，時を刻んできた味噌おけだ。
「いい香りですね。」
と言うぼくにおやじさんは，
「味噌を作るには，蒸した大豆にこうじ菌をつけてね，２年間もねかせるんだよ。その間に大豆は自然の力で少しずつ『味噌』に変わっていくんだ。このわたしは，大豆が味噌に変わる手助けをしているだけなんだよ。」
と言った。ぼくは，２年もの間，じっと味噌ができるのを楽しみにして待っているおやじさんの気持ちにひかれた。ただ，大豆の手助けをしているだけというおやじさんの顔は近寄りがたく，とてつもなく偉大に見えた。
「ぼくにも少し手伝わせてくれませんか。」
思わず口をついてそんな言葉が出てきた。自分もおやじさんのようになってみたかった。
「機械を相手に仕事をしている君が……。」
と，おやじさんは驚いて言った。そして黙って長ぐつを差し出した。ぼくは，長ぐつをはき，おやじさんと一緒におそるおそるはしごを降り，深いおけの中へと入ってみた。するとおやじさんは，おけの中を円をえがくように回り，大豆を踏み始めた。ぼくも後に続いた。

「こうしておいて，後は自然の力にまかせるだけだよ。」
　ハーハーと息ぎれをするぼくをよそに，おやじさんは大豆を踏み続けた。
（自然の力にまかせるだけなんて……。ボタン一つで何でも動かせる機械とは何て違う世界なんだろう。）
とぼくは思った。それから何時間もおやじさんは大豆を踏み続けた。ぼくには，気が遠くなるほどの長い時間に思えた。そうしているうちに，頭の中がからっぽになってきた。ただ，長ぐつの底から，大豆の温かさが伝わってくるのを感じた。
（大豆が生きている。）いつしかぼくは，そう思っていた。日本人が何百年もの間，機械を使わずに自然の力と一つになって，味噌を育んできた本当の意味がわかってきたように思った。
　おけを出たぼくは，フーッと大きくため息をついた。ぼくの人生がすっぽりと味噌に包まれているようだった。
（一生かけて大豆と向き合ってみたい。）そんな思いが心の底からわきあがってきた。
　ふと見上げるとあたりはとっぷりと暮れていた。ちょうど夕飯どきだ。（今日も日本中の食卓にみそ汁が並んでいるんだろうなあ。）と思うと，ぼくはじっとしていられなかった。日本一うまいみそ汁を作ってみたいという気持ちが心の底からわいてきた。
（よし，明日おやじさんに弟子入りを頼んでみよう。）そうつぶやき，ぼくは，はずむような気持ちで小走りに家に向かった。

　あの日から20年がたち，今ぼくは味噌屋の跡取りとなって，日本の味を守り続けている。

味噌の仕込み風景
【写真提供】味噌・溜醤油酒造元中定商店

15 教材分析って？

ANSWER!

明確な教材観から明確な指導観へと結ぶための授業構想

なぜ読み物教材を分析するの？

一人一人の児童生徒の経験は異なります。道徳の読み物教材は，児童生徒が道徳的価値を自分との関わりで考えるための共通の学習素材です。道徳的価値の内面的な自覚を深めるための手がかりとなるものです。

道徳の授業で活用する教材で何を考えさせ，どんな子どもを育てたいのかというねらいを明確にすることが大切です。そのためには，教師の優れた教材解釈が必要です。児童生徒の実態に即し，キーワードや副詞，接続詞にも着目しながら進めます。特に，ねらいに直結する教材の中心発問は最も重要なところです。

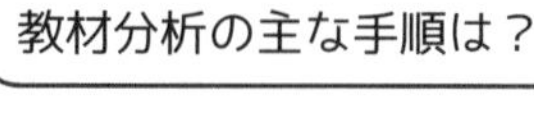

子どもたちに最も考えさせたい中心発問につながる部分から考えるよ

教材分析は，登場人物の言動とその背景を分析することで，主人公のおかれた情況を把握でき，意図するねらいに近づける発問の設定につながります。

教材分析の手順

1　児童生徒の実態や教師の価値観を明確にします。

2　教材を読み込み，どのように道徳的価値の理解を促すかを考えます。

3　ねらいとする道徳的価値に関わって，児童生徒に最も考えさせたい場面や出来事を明らかにします。

4　中心発問で児童生徒が自分との関わりでより深く考えるために有効な場面や出来事を捉え，その前後に発問を設定します。場面は三～五つ程度とし，心の動きを時間的，空間的場面に分けます。着目する場面は，

- 共感的場面―主人公の人間的弱さが表れ，共感しやすい場面
- 葛藤場面―自己変革のきっかけとなる出来事で考え方や感じ方の動く場面
　　新たな道徳的価値との出合いで主人公の心が揺れ動く場面
- 覚醒場面―主人公が新たな道徳的価値に気づき，自分の生き方を変える場面
- 納得場面―主人公が，今後の指針となる道徳的価値について確認する場面

5　主題名，ねらい，目指す児童生徒像を設定します。
6　話合いの柱を検討します。

ねらいに関わる子どもの実態を常に念頭に置いて，実態から発問を吟味しましょう

教材分析の方法(例)

① ねらい

扱う教材でねらいとする価値には，どんなものがあるか把握します。複数の価値が含まれている教材があるので，中心価値と関連価値を探ります。

② 登場人物の焦点化

登場人物を把握し，主人公を決定します。さらに，主人公の生き方に大きく影響を与える相手方を決定します。二人以上の人物への発問も可能です。

※一般的に主人公は教材の中に終始登場しており，価値の変容が見られます。

★ 教材に登場する人物は……

○「偉人の伝記」などは，主人公は終始道徳性が高い状態です。この場合はサイドストーリーなどを把握しながら児童生徒の生活からの遊離感をなくし，人間的な弱さなどに共感させたり，主人公の強い思いに迫る工夫をします。

○一般的な教材の展開は，主人公が助言者のような人物の発言や出来事をきっかけとして悩み，葛藤し，道徳的価値に気づいたり，道徳的判断を下したりします。

③ スタートの条件・情況の決定

ねらいに迫るために，教材のどの部分から話合いをさせると効果的なのかを考えます。効果的な話合いにするために，教師がわかりやすく提示する部分を「スタートの条件・情況」といいます。一般的に道徳上の問題が発生する前までを提示します。

状況と情況は異なるので気をつけましょう

④ 場面設定

教材の時間的,空間的な変化に着目し場面を分けていきます。その中で,話題の柱となる場面を絞り込みます。

⑤ 場面ごとの主人公や相手方の心の内

場面ごとの主人公や相手方の気持ちを捉えていきます。特に,主人公の心の動きに着目し,文章から読み取れる心情とともに,文章では見えない心情も読み取っていきます。その際,主人公の心の動きがわかる言葉や副詞,接続詞などの「キーワード」に着目しましょう。

⑥ 話題の柱立て

主人公の心の変化を中心に,ねらいに迫るために話題にしたい柱を決めます。一般的に一つの教材に3～4本あります。その中で最も山場となる場面が中心発問となる場合が多いですが,授業者のねらいに迫る指導観により,必ずしも一致するとは限りません。

【構造を捉える教材分析のポイント】

○生き方が道徳的に変化したのは誰？
○主人公の言動や心情はどこで変化しているの？
○主人公が変化したきっかけは何？
○主人公は自覚後,どんな行為をしたの？

【心情曲線による教材分析】

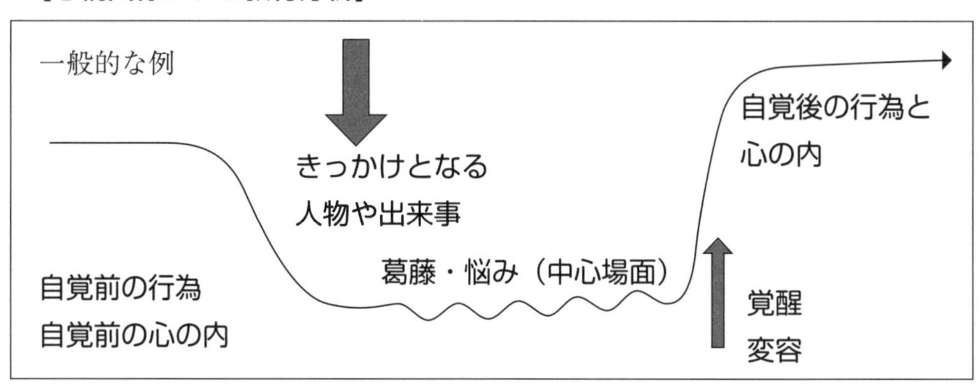

<授業構想>　**教材分析表（例）**

1　教材名「　　　　　　　　　　」出典（　　　　　　　　　）

2　指導観

児童生徒の実態や教師の願い

3　教材に含まれている道徳的価値　(内容項目　　　　　　　　　　)

4　ねらいとする人間像

内容項目

5　主題名 ― どのような道徳的価値をねらいとし，その道徳的価値について学ぶためにどのような教材をいかに活用するかを構想する指導のまとまり

6　スタートの条件・情況

条件・情況　主人公に関わるはじめの状態

時間的・空間的場面	心の動き	気づかせたいこと	主な発問

伝記や偉人伝などの読み物教材には，主人公の葛藤や弱さが十分に描かれておらず，終始，偉業が描かれていることがあります。この場合，児童生徒の実生活から遊離してしまい，「自分の生き方」と重ねて考えることが難しいということがあります。このような教材では，主人公が大切にしている「想いや願い」を中心に考えさせ，そしてその契機となった出来事を通して主人公が決意した心情などに着目させることが大切です。また，指導者は主人公のサイドストーリーをよく把握し，主人公には，児童生徒と同じように，弱さがあったり，悩んだりすることもある同じ人間であるということをしっかりと押さえて指導しましょう。

「人生を変えた一杯のみそ汁」の教材分析をしてみましょう

主人公に視点をあてた分析をしてみましょう。ねらいは，理想の実現に向かう主人公の生き方を考えます。主な発問を考えてみましょう。

教材の流れ	主人公の心の動き	気づかせたいこと	主な発問
百年以上機械を使わないというおやじさんの言葉	なぜこんなにも手作りにこだわっているか不思議だ。	おやじさんの生き方を通して今までと全く違う世界を感じる主人公	おやじさんの言葉から主人公はどんなことを感じたのだろう。
味噌蔵に案内される。	２年もの間味噌ができるのをじっと待っているおやじさんの姿勢にひかれる。	体験を通しておやじさんの気持ちを理解しようとする。	主人公はどんな思いで「少し手伝わせてくれませんか。」と言ったのだろう。
自然の力にまかせるだけというおやじさんの言葉	・機械を使う世界とは全くちがう世界 ・自然からのメッセージ，大豆の温かさ	・今まで体験したことのない世界 ・おやじさんの言葉から考えたこと	
味噌づくりに自分の人生をかけようと決心する。	自分も一生をかけて美味しい味噌をつくっていくんだ。	エンジニアの仕事をやめてまで，理想に向かう。	

この教材の場合は，視点を変え，おやじさんの思いを追うこともできます
日本の伝統文化のよさをしっかりと見つめることがねらいです

教材の流れ	おやじさんの心の内	気づかせたいこと	主な発問
百年以上機械を使わないというおやじさんの言葉	手作り味噌にこだわるおやじさんの心の内	味噌づくりに対する信念	
味噌蔵に案内する。	２年もの間味噌ができるのをじっと待っているおやじさんの思い	おやじさんが大切にしているもの	
自然の力にまかせるだけというおやじさんの言葉	大豆の手助けをしているんだという言葉	主人公に気づかせたかったこと	

〈指導案作成例〉　指導案作成の前に

道徳的価値をしっかりと理解しよう

教材分析をし，指導案を作成する際，教師がねらいとする道徳的価値についてしっかりと理解することが大切です。今回は，『私たちの道徳　小学校５・６年』（文部科学省）に掲載されている「その思いを受け継いで」を活用し，〈D 生命の尊さ〉について考えます。この場合，生命の「連続性」「有限性」「神秘性」「唯一性」など，生命を様々な角度から捉えることのできる発問を工夫します。そして，そのような「命」をどのように生きるかを考えさせることが重要となります。例えば，「限りある命を精一杯生きよう」とか，「自他の命をいつくしんで生きよう」「つながって生きている思いをかみしめよう」など，自分の課題として深く考え，生き方へとつなげていきます。

第○年○組　道徳科学習指導案（小学校の例）

○年○月○日（○）第○校時

指導者　○○　○○

ねらいと教材との関わりをもとに，指導内容を端的に示す文言で表現。その後に内容項目を書く。

１　主題名

精一杯生きる　D　生命の尊さ

教材名の後に，出典を明記する。

２　教材名

「その思いを受け継いで」（『私たちの道徳　小学校５・６年』　文部科学省）

価値観，児童観，指導観などを三つに分けて記述する。

社会の実態や学校生活の状況を踏まえ，なぜこの時期にこの主題を取り上げるかなどを述べ，道徳的価値はどのような役割や意義をもつかを明記する。

３　主題設定の理由

（１）ねらいや指導内容についての教師の捉え方

人との関わりが希薄になっている昨今，自他の生命を尊び，限りある命を精一杯生きようとする姿勢を培うことは，重要な課題である。そのためには，「命」というものを多面的・多角的に考えていく必要がある。命の有限性，偶然性，連続性を幅広く捉えさせたい。本教材では，生命が祖先から長い時間をかけて受け継がれているものであり，また，人は他者と命を支え合って生きているものであることなど，その命のかけがえのなさを実感させていく

ねらいとする道徳的価値に関わる児童の実態や教師の願い

（２）児童のこれまでの学習状況や実態と教師の願い

アンケート結果は○○であったが，水やり当番などを忘れたり，生命を大切にしていなかったりする様子も時々日常生活の中では見られることもある。そこで，～　など。

教材の内容や特質，生かし方を記述する。

（３）使用する教材の特質やそれを生かす具体的な活用方法

本教材は，じいちゃんの余命があと３か月と知った主人公が毎日病院に通うなか，

孫（主人公）の誕生日を間近に控え，祖父は，最期まで孫を思いながら手紙をしたためる。導入で「命」って何だろうという問いを向け，その問いが授業の根底に一貫して流れるよう指導を展開することで，自他の命をさらに大切にして生きていこうとする心情を高めたい。

4　学習指導過程

＜ねらい＞

必死で病気と闘うおじいちゃんからの手紙を読んだ主人公が，限りある命，受け継いだ命を精一杯生きようとする姿を考えることを通して，与えられた命を大切に生きようとする心情を育てる。

> 予想される反応をプラス面，マイナス面からできる限り考え，その代表的なものを記載する。

> 評価は，ねらいと関わりのある視点で捉える。価値の追求を活発にさせるための支援となる。

> 主題に対する関心を高め，ねらいへの動機づけを図る。

	学習活動	主な発問と予想される児童の反応	指導上の留意点（・）評価（☆）
導入	命について考える。	○生きているなって感じる時はど…	・命とは何かについて問い，…
展開	教材を読んで話し合う。 （1）じいちゃんの余命が半年と聞かされた時の主人公の気持ちを考える。 （2）じいちゃんのもとに通う主人公の思いについて考える。	○… と知ら… な気… ・う… ・信… ○どん…ちゃんのもとに通ったのでしょう。 ・死なな… ・少しで… ・元気づ… しれな…	・主人公の期待と願いに共感できるようにする。
	（3）じいちゃんの手紙を読んだ主人公について考える。 （補）じいちゃんはどんな思いで手紙を書いたのでしょう。	◎じいちゃんが亡くなった後，残された手紙を読んで，主人公はどのようなことを思ったのでしょう。 ・じいちゃんの分まで生きていくよ。 ・ずっと見守っていてね。 補・ずっと愛してるよ。	・手紙に込められたじいちゃんの思い気づき，命を見つめる主人公の思いに迫る。 ・ワー…を通…己を…
	自分の生活を振り返り，命を見つめる。	○今日の学習を通して，命について感じたり，考えたりしたことを書いてみましょう。	☆命を多面的・多角的に見つめることができたか。 【観察】
終末	詩の朗読を聞く。	『私たちの道徳』P98の「限り…た一つの命だから」を…	・余韻をもってオープンエンドとする。

> 教材を読み，話合いの方向性をつかむ。原則教師が読む。

> 展開での話合いの柱は，２～３問程度であり，「キーワード」「キーシーン」などをもとに発問を考える。発問は展開の骨格となる基本発問とねらいを達成するための中心発問からなる。また，基本発問を補う補助発問により，話合いを促進し，教師の願いを伝える。

> 展開は，ねらい達成のための中核であり，その中でも，中心発問は主人公のターニングポイントであり，話合いの重点となる。区別のため◎にするなど明示する。

> 評価は一授業の中で一～二つ程度とし，【観察】【発言】【記述】等，評価方法も簡潔に記す。

> 展開の後段では教材を離れ自分自身を見つめる。後段を設定しない場合もある。

16 学習指導案作成のポイントは？

ANSWER!

授業の山場となる中心的な発問

どの道徳的価値について考えますか。教材をよく読み込み，明確な指導観をもって指導案の作成に臨んでください。年間指導計画も確認しましょう。

まず，中心的な発問から考えます。児童生徒の予想を超える発問を工夫してみましょう。一般的には主人公の行為や生き方や意識が道徳的に変化する箇所が中心場面です。中心場面の検討後，ねらいに迫るための中心発問を考えます。

指導案作成の手順

① ねらいを検討する。

年間指導計画に示されている主題名とねらいを確認し，学級の児童生徒の実態と照らして指導内容や学習の意図を明確にします。

② 教材を吟味する。

教材に描かれている中心的道徳的価値がどのように展開されているか，対立する価値や，複数の価値を含んでいないかを捉えます。

③ 中心場面を考える。

児童生徒にいちばん深く考えさせたい箇所で授業の山場になるところを考えます。主人公の行為や意識が変化したところにあることが多いです。

④ 中心発問を考える。

多様な意見が出され，多面的・多角的に考えられる問いを工夫します。ここでは，主題・内容項目・ねらいと一致しているかを確認しましょう。

⑤ 中心的な発問を生かすための前後の発問を考える。

基本発問は多すぎず，３～４問くらいに設定しましょう。補助発問も加えて考えます。

⑥ 発問に対する予想される児童生徒の反応や，指導上の留意点，評価を考える。

発問に対しては，あらゆる児童生徒の反応を予想します。

⑦ 板書計画を立てる。

指導案には，一定の形式や規準はありません。一般的には，①主題名，②教材名（出典を明記），③主題設定の理由，④ねらい，⑤展開の大要，学習指導過程を導入，展開，終末の各段階に区分（発問，予想される児童生徒の反応）⑥指導上の留意事項，⑦評価，⑧板書計画等です。

【道徳科学習指導案の様式例】

○年○組道徳科学習指導案

○年○月○日（○）
第○校時
○年○組教室
指導者○○　○○
男子○名　女子○名
計○名

1　主題名：（内容項目）
学習のねらいや道徳的価値を児童生徒にわかる言葉で短く端的に表現します。内容項目も表記します。

2　教材名：「○○」（出典　○○）
出典を明記します。（学校で作成した年間指導計画による）

3　主題設定の理由

教師の明確な指導観や価値観です

（1）ねらいや指導内容についての教師の捉え方
本時のねらいとする道徳的価値は何か，この価値は人間がよりよく生きていく上で，どのような意味や意義があるのか。そして，この価値はどうしたら身につき実現するのかについて授業者の捉え方を書きます。

（2）児童生徒のこれまでの学習状況や実態と教師の願い（中学校では教師の生徒観）

教師の児童生徒観です

本時のねらいとする道徳的価値と児童生徒の発達段階を照らして，児童生徒の実態を内面形成と行動傾向の両面からよい点や課題を明らかにし，本時での指導の重点を述べます。今できることのよさを具体的に認め，本時でさらに伸ばす点を明らかにします。アンケートなどの質問紙を活用して，できる限り児童生徒の実態を客観的に捉えることが大切です。

（3）使用する教材の特質やそれ（中学校では，取り上げた意図及び生徒の実態と関わらせた教材）を生かす具体的な活用方法

教師の教材観です

本時で用いる主教材の選択理由と本教材の生かし方を具体的に述べます。教材にはどのような道徳的価値が内包されているか，そしてその道徳的価値がなぜ必要で，どのように指導したいのかを明記します。

4　指導の工夫（以下は省略されることもあります。）

本時のねらい（評価の重点）を達成するための指導の工夫であることを踏まえて書きます。指導の工夫が評価方法の工夫につながります。

（1）本時の工夫

例えば……

○ワークシートに，討論の前後で「自分だったらどうするか」理由を添えて考えます。
○グループワークを取り入れて討論します。
○役割演技を通して，体験的に葛藤を感じ取り，自分だったらどのように意見を述べるかを考えます。
など，どのような工夫をしたかを明記します。

（2）他の教育活動などとの関連

具体的な学校生活の場面で本学習を想起し，実践につなげます。

例えば……　特別活動や豊かな体験　など

（3）その他　単元構成の工夫例

２時間扱いとし，道徳的実践へとつなげていきます。　など

5　本時の指導

（1）本時のねらい

ねらいが曖昧だと授業がぶれます。明確な指導観を示します。授業で何を考えさせ，何を学ばせたいのかを示します。内容項目を主題設定の理由や教材との関係に照らして検討し，具体的なねらいを設定します。内容に掲げられる道徳的価値に向かう学習活動を示し，最後に育成すべき資質・能力を示します。つまり，ねらいの語尾に育てたい力を明記します。

例えば……　主人公の○○における葛藤を考えることを通して，
道徳的判断力を養うのか，
道徳的心情を養うのか，
道徳的実践意欲と態度を養うのか……を表記します。

（2）展開：学習指導過程

- 導入は，児童生徒が学習課題（学習の方向性）をつかみ，学習への意欲をもつ段階です。（価値への方向づけが基本）
- 展開前段は，主教材をもとに児童生徒が教材の登場人物に自我を関与させながら，ねらいとする道徳的価値の大切さやよさに触れさせます。中心発問にじっくりと時間をかけましょう。
- 展開後段は，展開前段でねらいとする道徳的価値の自覚を深めたものを，実践につなげる段階です。ねらいによって，展開（指導法）が変わってきます。この展開後段は，必ずしも設定されなければいけないものではありません。様々な指導過程の工夫の中で必要に応じ設定されます。
- 終末は，学習を振り返り，学習のまとめ，今後の実践につながるように促したり，広げたりする段階です。

	学習活動	主な発問と予想される児童生徒の反応	・指導上の留意点 ☆評価	時間
導入	ねらいとする道徳的価値に向けて動機づけを図る。５分程度			
展開	教材を通して，道徳的価値について考える。（展開前段）　30 分程度			
	教材を離れ，自分の生き方を見つめ直す。（展開後段）　10 分程度 ※展開後段は必ず設定されるわけではありません。			
終末	価値に対する思いや考えを温め意欲を高める。５分程度			

6　本時の評価

本時のねらいに対する評価を書きます。

7　板書計画等

教材の山場が必ずしも中心発問になるとは限らないので気をつけましょう

役割演技や書く活動，グループトークやペアトークなどの様々な指導方法は，それ自体が目的にならないよう注意しましょう
あくまでも，ねらいを達成するためにはどんな指導方法が適切かをよく考えましょう

17 学習指導過程って何？

ANSWER!

ねらいに迫るための学習と指導の手順

○導入・展開・終末の各段階を基本とします。
○固定化したり形式化したりせず，弾力的に作成します。
○児童生徒の学習活動，主な発問と予想される児童生徒の反応（発言），指導方法，指導上の留意点，評価の観点等を流れに即して記述します。
○年間指導計画の中では「展開の大要」として示されています。

導入の工夫

主題に対する児童の興味や関心を高め，学習への意欲を喚起して，児童生徒一人一人の意識のねらいの根底にある道徳的価値に方向づけ，課題意識をもたせたり，考える必然性を捉えさせたりすることで，人間としての生き方についての自覚に向けて動機づける段階です。ねらいとする道徳的価値に関する問いを通して，主題に関わる意識づけを行う導入，教材の内容に関わる導入などがあります。また，学習への雰囲気をつくるために，歌を歌ったりする場合もあります。短時間（５分程度）で効果的に行います。マイナスのイメージをもたせることなく進めましょう。

○手立て

① 生活体験の想起
② アンケート結果等の資料提示
③ 教材に関する絵画，写真，ＤＶＤ，ＢＤ等の映像資料，ＣＤ等の音声資料，小道具等
④ 主題に関わる新聞記事，生徒作文，詩や短歌
⑤ 実物を見る，触れる体験
⑥ 所作を実際に行う
⑦ 歌を歌う　　など

展開の工夫

展開は，道徳的な問題を自分との関わりで考えたり，深めたりする段階です。多様で効果的な指導方法を工夫してください。展開部分を「展開前段」と「展開後段」に分けて考える場合もありますが，学習指導要領には「展開」という表記のみで，「前段や後段」という文言は表記されていません。前段と後段に分けた場合は，

前段で……教材の登場人物の生き方や言動から，道徳的価値を追求します。

後段で……教材を離れ，授業で学んだ道徳的価値の一般化を図ります。

展開では，常に前段と後段を分けて考える必要性はなく，発達段階や授業構想により弾力的に設定していきます。

教材提示の工夫

・読み物教材　教師の読み聞かせは，児童生徒には読ませず，範読は判読の意味も込め，１回の読み聞かせで全員が内容を理解できるように工夫します。情感を込め，補足説明しながら読み聞かせます。範読の他，教材の提示には，いろいろなアプローチがあります。

例えば……

- スライド・ＯＨＰ（オーバーヘッド・プロジェクト）シート
  ＤＶＤ，ＢＤ等の静止画や動画
- 紙芝居，ペープサート，パネルシアター
- 複数の教員で会話部分の読み聞かせを行う。
- 朗読用ＣＤの活用
- 朗読の際，ＢＧＭを小音量で流したり，
  効果音を活用したりする。　　　など

ペープサート

終末の工夫

終末は，学習全体を振り返り，ねらいに関わる道徳的価値に対する自分の思いをまとめ，今後の実践や発展に結びます。他教科のように本時の学習を振り返り，要点を再確認してまとめを行うのとは異なります。道徳科ではこれからの生き方に意欲的に臨む姿勢を促すよう，余韻のある心に残る終末を工夫することが大切です。

例えば……

ねらいと関連した

- 詩や音楽，格言を紹介する。
- 道徳ノートに書く。
- 教師が説話をする。
- 映像や絵を紹介する。
- ゲストティーチャーが話す。
- 児童生徒の作文を紹介する。
- 保護者からの手紙を紹介する。
- 新聞記事を紹介する。　　　　　　などです。

》演習 道徳科学習指導案を作成してみよう

さあ，では実際に道徳科学習指導案（中学校）を作成してみましょう

まず,「読み物教材の登場人物への自我関与が中心の学習」で進めてみましょう。「自分ならどうするか」という選択肢にも触れながら，小グループでさらに話合いを深め，よりよい生き方を考えさせます。主題名は「夢に向かって」〈A真理の探究，創造〉です。おやじさんの味噌造りを守り抜いてきた本当の意味を考えることで，さらに真理を探究した生き方に迫ることができます。百年以上続いた製法を一から学び，おいしい味噌を探究する生き方からは，まさに生涯をかけて理想を実現しようとする意気込みが感じられます。

○年○組　道徳科学習指導案

1　主題名　夢に向かって　　**内容項目**　A　真理の探究，創造

2　教材名「人生を変えた一杯のみそ汁」

（出典『中学校道徳３　あすを生きる』日本文教出版
全国版副読本に掲載されていた自作読み物教材）

3　主題設定の理由

（1）ねらいや指導内容についての教師の捉え方

人は常に高い志を抱き，真理を探究した生き方を求めた時，自分の人生をかけて実現する価値あるものを見いだしていくものである。そのような自己の生き方と誠実に関わる姿勢を育むことで，自らの人生を明るく前向きに切り拓き，豊かな人生を歩むよう指導したい。

（2）生徒のこれまでの学習状況や実態と教師の生徒観

人は誰しもがよりよく生きたいという願いをもってはいるものの，中学生のこの時期は，理想と現実のギャップも大きく，真理に裏づけられた理想を掲げるのは難しいところがある。そこで，探究心をもち，真理を求めながら目標に向かって生きることの素晴らしさに気づかせ，自分の進路へとつなげられるよう指導したい。

（3）使用する教材の特質や取り上げた意図及び生徒の実態と関わらせた教材を生かす具体的な活用方法

本教材は，エンジニアであった主人公が，一杯のみそ汁を食したことで，

そのうまさに魅せられ,味噌造りの道へと人生を変えていったものである。みそ汁は，私たちにとって極めて身近な日本の伝統食であり，百年以上続いた製法を一から学び，さらにおいしい味噌を探究する主人公の生き方からは，まさに自分が生涯をかけて理想を実現しようとする意気込みが感じられる。また，主人公が心動かされた先代の生き方にも，真理と向き合い，誠実に人生を築き上げてきた深みと豊かさを感じるものである。

4　指導上の留意点

○食育との関連を図り，本教材を活用した道徳科を要に，家庭科，総合的な学習の時間，学級活動での取組を展開する。
○キャリア教育との関連を図り，進路指導へと発展させる。
○〈C　我が国の伝統と文化の尊重，国を愛する態度〉の視点から，日本人としての自覚との関連も図りながら指導する。

5　学習指導過程

まずねらいを作成してみましょう

ねらいは，明確な指導観のもと設定されます。ねらいにはいろいろな表記の仕方がありますが，今回の授業では，基本をしっかり押さえましょう。

主人公の道徳的決断を考えさせることを通して,道徳性の諸様相である,次の三つのうちのいずれを育てたいのかを文末に明記します。

道徳的判断力
道徳的心情
道徳的実践意欲と態度

「○○を考えることを通して，○○しようとする○○を育てる。」のように表記します。

＜ねらい＞（例）
自分の職業を変えてまで味噌造りに人生をかけようとした主人公の生き方を考えることを通して，絶えず高い志をもち，理想の実現を目指して未来を切り拓いていこうとする実践意欲と態度を育てる。

展開部分は展開前段，展開後段の二つに分けて考える場合と，分けない場合があります。今回は「自分ならどうするか」と発問することで，道徳的価値を自分との関わりで考えさせる発問が設定されています。あえて前段と後段に分けないで考えてみましょう。

「予想される生徒の反応」を考えてみましょう

授業は生き物です。発問に対する生徒の反応をどんなにたくさん予想していても，生徒は様々な発言をしてきます。教師はできる限りたくさんの反応を予想しておくことが大切です。指導案の「予想される生徒の反応」の欄に，発問に対する予想される生徒の反応を書き入れてみましょう。

	学習活動	主な発問と予想される生徒の反応	○指導上の留意点 ☆評価
導入	○自分の夢を発表する。	自分の人生にどんな夢を描いているか。 ・ ・	○価値への方向づけをする。 ○味噌造りについて簡単に説明する。
展開	○条件・情況を知る。 ○教材を読む。 ○作者が驚いたことを確認する。	手作りにこだわるおやじさんの言葉から主人公はどんなことを感じたのだろう。 ・ ・ ・	○自分とは全く異なる世界に生きるおやじさんの生き方に関心を高める主人公の気持ちに十分共感させるようにする。
	○自分ならどうするかを考える。	自分ならどうしていただろう。人生を変えてまで取り組めただろうか。 ・ ・ ・	○人生を変えてまで探求しようとした主人公の生き方を自分の課題として考えることで，深く生き方を捉える。
	○小グループで各自の意見を出し合い，話し合う。	主人公を味噌造りに駆り立てたものは何だったのだろう。 ・ ・ ・	☆本物を探求し続けていこうとするひたむきな主人公の姿から，真理を探究することの素晴らしさに気づいたか。【発言】【観察】

終末	○道徳ノートに記入する。	＊夢に向かって自分の人生を切り拓くためには何が必要なのかを考えながら，振り返りシートに記入する。 ・ ・ ・	○人生をかけて実現する価値あるものに向かう生き方を考えるようにする。 ☆自分の目標に向かい，未来をたくましく切り拓いていこうとする姿勢が培われたか。【道徳ノート】

<評価の見取りの視点>

☆高い志をもち，真理を探究することの素晴らしさに気づくことができたか。【発言・観察から】

☆夢をもち，自分の未来をたくましく切り拓いていこうとする姿勢が培われたか。【道徳ノートから】

では，ここで発問の意図と，中心発問での実際の授業を紹介します

導入では，生徒たちの夢を語り合うことを通して，未来への明るい希望を抱きながら価値への方向づけを図ります。事前に，カードに夢を記入させ，黒板に掲示したり，プリントに印刷し配付したりすることで，人はそれぞれに違った夢や価値観があることに気づかせることを意図します。

また，みそ汁は日本人のソウルフードであり，小学校の家庭科で実習を経験していることから，味噌には簡単に触れる程度で教材へと入っていけます。導入で味噌おけの写真などを掲示するのもよいでしょう。

発問　手作りにこだわるおやじさんの言葉から，主人公はどんなことを感じたのだろう。

機械も使わずに伝統を守り続けるおやじさんの言葉から，自分とは全く異なる世界への関心を高める主人公の思いに迫ることができます。機械を使わず，自然と一体化した味噌造りの凄さは，生徒にも十分に伝わります。

発問　自分ならどうしていただろう。人生を変えてまで取り組めただろうか。

深く自我関与させるために「自分ならどちらを選択するだろうか」と問い，その根拠を明確にすることで，より自分の課題として考えることができます。さらには，小グループで意見交流することを通して，多面的・多角的に見つめることができます。

中心発問での話合いの一部を紹介します

中心発問　主人公を味噌造りに駆り立てたものは何だったのだろう。

中心発問です。ここでは，授業の実際を紹介します。

教　師：主人公を味噌造りに駆り立てたものは何だったと思いますか。
生徒Ａ：味噌造りの魅力です。
教　師：味噌造りの魅力って何？　もう少し聞かせて。（具体的に問う。）
生徒Ａ：つまり，おやじさんが，何百年も機械を使わずに味噌を守ってきた本当の意味です。
教　師：「本当の意味」素敵な言葉ですね。
生徒全：うん，うん。（何人かの生徒がうなずいている。）
教　師：同じ意見でも加えてみてください。（全員に問う。）

このように問い返していきます
問い返すことにより，考えを深めたり，広げたりします
このような重層的な発問は大切です

生徒Ｂ：私もそう思います。「本当の意味」とは，自然と一体化して本当においしい味噌を造ろうというひたむきな思いです。
生徒Ｃ：僕も同じです。主人公自身もそこに価値を見いだし，自分もとことんおいしい味噌を造ってみたいと思ったのだと思います。
教　師：二人ともＡさんと似た意見ですね。でも，今ある仕事をやめることになりますが……。それでもよかったのかな。（揺さぶる。）

一問一答とはならずに話合いを重層化していくために，教師は生徒の発言に対し，問い返したり，認めたりして反応しながら授業をコーディネートしていくことが大切です。（発問の重層化）また，この教師の発言のように，「今ある仕事をやめることになるけど，それでいいの？」とあえて批判して揺さぶりをかけることで深く考えさせていくこともできます。

生徒Ｄ：確かに，自分の今の仕事をやめるには勇気が必要です。でも，どうしてもとことん追求したいという思いに駆られていたのだと思

います。それほどみそ汁がおいしく，また，味噌から伝わってくる自然の恵み，温かさなど，いろいろな思いがめぐったのだと思います。

生徒E：便利な機械を使う世界とは違うけど，だからこそ，人生をかけたかったと思います。（うなずく生徒も多くなる。）

生徒たちの中には，自分ならばなかなか今ある仕事を手放せないなという意見もあります。小グループでの話合いを通して，エンジニア以上の魅力があったのだろうという意見が多くなってきました。その魅力をおやじさんの姿からひも解き，「一度しかない人生を，価値があると感じたものにとことん挑戦し，探究していく生き方こそ素晴らしい人生だ」という話合いがなされていました。

【関連価値で考えてみよう】

道徳の読み物教材には，一つの道徳的価値だけではなく，複数の道徳的価値が内包されていることがあります

この教材で，授業の視点を内容項目〈C 我が国の伝統と文化の尊重，国を愛する態度〉に変え，日本人としての自覚を深めることをねらいとした道徳授業として考えてみましょう。

世界は急速に狭くなり，日本人が他国の人々と手を携えて，多様で複雑な問題を解決する場面に直面する機会は今後ますます多くなります。ここでは優れた日本の伝統文化の中に息づく精神性への概念をしっかりと自身の根幹に据え，そのよさに目を向けることで，主体性ある日本人としての自覚と誇りを促します。そして，日本の優れた伝統や文化を継承しながら，さらに新たな文化を創造しようとする心情を養います。郷土を愛し，日本人としての自覚を高めるためには，郷土の自然や食文化，伝統的な行事などに触れ，その中で様々な体験をすることによって，そのよさに気づき，郷土に対する豊かな感情や愛着を育てる必要があります。

授業を工夫しましょう

○導入の工夫

導入では，日本食の新聞記事を紹介し，日本の食文化への関心を高め，話題へと誘います。自国の文化価値やそれを発展させてきた日本人の思いを理解し，後世に伝えていきたい日本のよさを考える窓口となります。

○範読の工夫

範読の際，篳篥（ひちりき）のヒーリングミュージックを小音量で流します。篳篥は音楽科において，「雅楽」の中の楽器のひとつとして既習しています。

展開前段

○テーマで考える

「おやじさんが大切にしているものは何だろう」というおやじさんの生き方に迫る発問をし，教材のテーマそのものに関わって追求することで，古来，自然とともに生きてきた日本人の精神性について考えます。

主人公だけでなくおやじさんの見方で発問をすることで，
多面的・多角的な見方や考え方を促すことができます

○ワークシートを活用した書く活動の取組

この授業では，生徒がじっくりと時間をかけて考え，自分の思いを深めていくよう，中心発問でワークシートを活用します。十分な時間を確保して書くことにより，深く自己を見つめる自己内対話を通して，主人公の人生を変えたおやじさんの生き方に迫ります。1時間の授業で書く活動の場面は1回程度，じっくりと考えさせる場面で書く活動を取り入れます。

展開後段

今回は展開後段を設定し，指導内容を展開前段と区別しています

○意見交流する

日本のよさについて小人数で話し合い，友達の考えを傾聴し自分の考えを深めることで，より実践へとつなげていきます。

話合いを活性化するためには，ペアトークやグループトーク
などの話合いの形態や，座席の工夫などが必要です

○多様な価値観に触れる

各々のグループに，生徒とは年代の異なる保護者や地域の方々，管理職が参加し，共に考えることで，生徒の価値観の拡大が図れます。日本の伝統文化への理解は，学校教育のみならず，四季折々の習慣的な体験を通して育まれる面もあり，家庭や地域社会との連携が重要です。

授業に協力してくださる参加者の方々とは，学習のねらいや話合いの進行について，事前に十分に打ち合わせをし，指導者の意図を理解してもらうことが必須です

○終末の工夫

インパクトのある格言の提示

終末では，『私たちの道徳　中学校』（P211）に掲げられている岡倉天心の言葉を提示し，余韻をもって終わります。

「われわれの歴史の中に，われわれの未来の秘密が隠されている。」という岡倉天心の言葉から，自分の生き方と関わらせて，日本の優れた伝統や文化に込められた価値を継承し，誇りをもって新たな文化を創造しようとする意欲を高めます。偉人の言葉を深く見つめ対話することで，価値の自覚を深め，事後の自分の生活の中にも生きてはたらくよう考えます。

演習

では，〈C　我が国の伝統と文化の尊重，国を愛する態度〉の道徳的価値について考える授業構想を立ててみましょう

まず，ねらいを作成してみましょう。今回も，「○○を考えることを通して，○○しようとする○○を育てる。」のように表記してみましょう。文末には，道徳の諸様相である道徳的判断力，心情，実践意欲と態度のどれを育てたいのか明記します。

<ねらい>

＿＿＿＿＿＿＿＿＿＿＿＿＿＿＿＿＿＿＿＿＿＿を考えることを通して，

＿＿＿＿＿＿＿＿＿＿＿＿＿＿＿＿＿＿＿＿＿＿＿＿＿＿しようとする

＿＿＿＿＿＿＿＿＿＿＿＿＿＿＿＿＿＿＿＿＿＿＿＿＿＿＿を育てる。

次に「予想される生徒の反応」も考えてみましょう

	学習活動	主な発問と予想される生徒の反応	○指導上の留意点 ☆評価
導入	○日本文化への関心を高める。	日本の食文化を紹介した新聞記事から感想を発表しよう。 ・ ・	○話題への方向づけをする。 ○味噌造りについて簡単に触れる。
展開前段	○条件・情況を知る。 ○教材を読む。 ○おやじさんや主人公の生き方について考える。	おやじさんが大切にしているものは何だろう。 ・ ・ ・ (補) おやじさんが機械も使わずに味噌造りを守ってきた本当の意味とはどのようなものだろう。 ・ ・ 主人公はおやじさんの生き方からどんなことを思っただろう。 ・ ・ ・	○味噌造りに生涯をかけるおやじさんの生き方を各自「道徳ノート」に書き，考える。 ☆人生を変えてまで日本の食文化を受け継いでいこうとする主人公の生き方に迫ることができたか。 【発言，観察】
展開後段	○小グループで各自の意見を出し合い話し合う。	日本のよさにはどんなものがあるだろう。 ・ ・ ・ ・	☆先人から受け継がれている日本のよさに目を向けることを通して，日本人としての誇りをもつことができたか。 【発言，観察】
終末	○本時の学習を振り返り，格言に込められた思いを考え，「道徳ノート」に記入する。	「われわれの歴史の中に，われわれの未来の秘密が隠されている。」という言葉にはどんな思いが込められているだろう。 ・ ・	○日本の伝統文化の中にこそ，未来を築くヒントがあるということを考える。

演習

ここまで指導案作成の基本的な事項を学んできました
それでは，ここで道徳科学習指導案全体を作成してみましょう

道徳科学習指導案を作成してみましょう。ねらいをどのように設定するか，そしてそのねらいを達成するための発問構成や指導方法をしっかりと考えてみましょう。明確な指導観をもつことが大切です。

読み物教材「人生を変えた一杯のみそ汁」の関連価値〈C 我が国の伝統と文化の尊重，国を愛する態度〉をねらいとし，指導案全体を作成しましょう。

道徳科学習指導案

1 主題名 （内容項目 ）

2 教材名 「人生を変えた一杯のみそ汁」

3 主題設定の理由

（1）ねらいや指導内容についての教師の捉え方

（2）生徒のこれまでの学習状況や実態と教師の生徒観

（3）使用する教材の特質や取り上げた意図及び生徒の実態と関わらせた教材を生かす具体的な活用方法

4　学習指導過程

ねらい

＿＿＿＿＿＿＿＿＿＿＿＿＿＿＿＿＿＿＿＿を考えることを通して，

＿＿＿＿＿＿＿＿＿＿＿＿＿＿＿＿＿＿＿＿しようとする

＿＿＿＿＿＿＿＿＿＿＿＿＿＿＿＿＿＿＿＿を養う。

	学習活動	主な発問と予想される 生徒の反応	○指導上の留意点 ☆評価	時間
導入				
展開				
終末				

18 板書計画って何？

ANSWER!

ねらいを達成するために活用

児童生徒が思考を深められる板書を工夫し，授業のねらいを達成しましょう！　どの位置に何を掲示し，キーワードはどこに置くか？　どのくらいの大きさで書くか？　色チョークをどのように使うか？　授業の前にしっかりとシュミレーションしてみましょう。授業のねらいが一目でわかり，児童生徒が本時の学習を振り返ることができるよう計画を立てましょう。

板書は

・板書は，話合いを通して児童生徒の思考の流れがわかるものです。

・場面絵を活用し，話し合う場面や時間の流れが一目でわかるようにします。

・話合いのキーワードや発問を提示し，そこに児童生徒の発言を簡潔に板書します。一問一答のように一字一句発言のすべてを書く必要はありません。

・色チョークを適切に，効果的に使いましょう。

・黒板をどのように使うのかは，ねらいによって異なります。いつも黒板に向かって右から左へ児童生徒の発言を羅列するだけではありません。異なる意見を板書する際には左右を利用し分類，整理して板書したり，テーマを大きく考える場合には中心にテーマを板書したりするなど工夫してみてください。

対比的，構造的な板書など，明確な指導観をもって工夫してね

第○回と明記すれば回数もわかります

板書は思考を可視化することで，すべての児童生徒に伝達され，確認したり価値の共有化を図ったりすることができます。

道徳教材は縦書きが多く，それにより板書も縦書きで，向かって右から左へ思考の流れ，授業の流れがわかるようになっている順接的な板書が一般的です。しかし，板書は形にとらわれることなく，ねらいを達成するために適切に活用されることが大切です。

【「人生を変えた一杯のみそ汁」の板書例】思考の流れを表す順接的な板書例

第○回　道徳

「人生を変えた一杯のみそ汁」

○日本のよさを見つけよう

手作りにこだわるおやじさん

・機械を使えば楽なのに。

・なんで手作りにこだわるんだろう。

・百年以上も続いている味噌造り

味噌蔵の中

・味噌のいい香り

・大きな味噌おけだ！

●おやじさんが大切にしているものは何？

おやじさんの生き方

・日本の味を守っている。

・自然と一緒に生きている。

私たち日本人に求められるものは？

・日本のよさを守る　・誇りをもって生きる

○未来の秘密（岡倉天心の言葉）

誇りをもった自分自身の生き方とは

★ 構造的な板書のいろいろ

中心（テーマ）が見える板書例

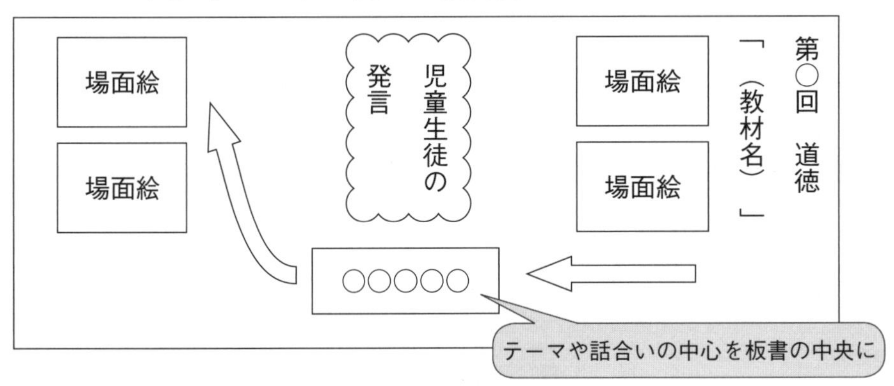

葛藤や対比など違いが見える板書例

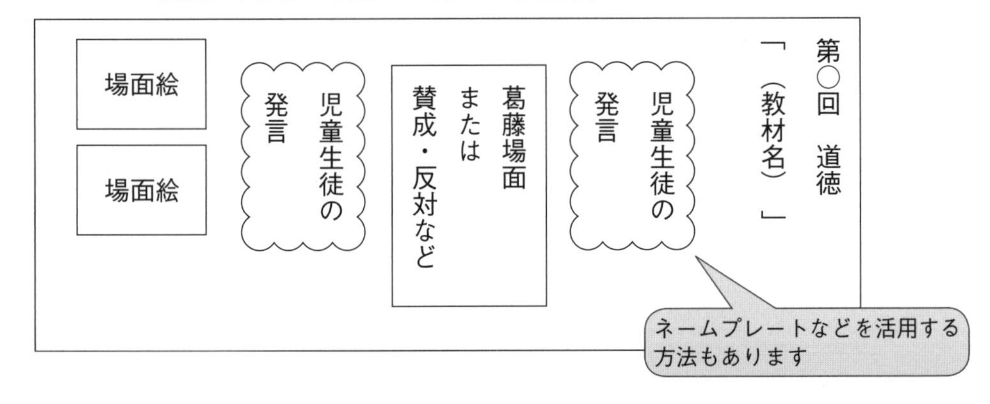

19 書く活動って？

ANSWER!
自己を見つめる活動

書く活動は，じっくりと自己を見つめる活動として効果的です。時間をしっかりと確保しなくてはならないため，「何のために書くのか」「どの場面で書くのか」という指導者の意図を明確にしましょう。書く活動を通して，児童生徒は，自己と向き合い，自分の考えを明確にしたり，深めたりしながら整理することができます。また，道徳ノートなどを書きためることにより，心の成長を記録として残すことができます。

教師は，ワークシートに温かい言葉によるコメントを書き，児童生徒が一生懸命考えたことのよさを評価し，励ましの言葉をかけましょう。

書く活動の場面

○展開（前段）の中心発問でじっくりと考えさせたい時

主人公になりきるために，吹き出しを活用するのも効果的です。場面がわかるような場面絵やキーワードなどを入れておくと，ねらいとずれることなく，書きやすくなります。主人公の葛藤や複雑な心境に寄り添わせたい時は，複数の吹き出しを活用してみましょう。また，書いたものの取扱いには配慮し，内容も決意表明を促すものにならないように気をつけましょう。

○展開（後段）で自分を振り返る時

展開の後段で自分を振り返り，自己の生き方を見つめる時に，書く活動を行い，じっくりと考える時間を確保します。発達の段階に応じてワークシートを工夫します。例えば，低学年であれば，主人公へ手紙を書くことを通して，自分のことも振り返ることができます。

また，逆になかなか主人公から離れることができない場合もあります。その時は，今日の学習テーマを明確にし，それに対する自分の思いを重ねて書かせることもできます。

ワークシートに書かせる場合は，あらかじめ発問等を書いておかないようにしましょう
発問をあらかじめ書くことにより，児童生徒が次の発問内容を予測してしまいます

書く活動それ自体が目的とならないよう，あくまでもねらいを達成するための活動であることを押さえましょう
書く活動場面は，授業の中で一回程度にしましょう

道徳ノートの工夫

道徳教育は学校の教育活動全体を通じて行われます。道徳科の時間だけではなく，日常生活の中で自分の生き方を見つめることができる「道徳ノート」の作成も効果的です。「道徳ノート」の様式や活用場面などの指導体制を校内でよく話し合い，共通理解を図ることで，学年が上がっても統一した取組を進めることができます。

「道徳ノート」の一例です

児童生徒は，自由に様々な心の動きを書きためていきます。

<table>
<tr><td>○月第○週</td><td rowspan="5">第○回　道徳科の時間で考えたこと
教材名「○○○」 ○月○日
○○～

・がんばったことなど
・心が温かくなった出来事など
・クリーン活動に参加して感じたことなど
・登山をして感じたことなど
を自由に書き込みます。</td></tr>
<tr><td>自分との関わり
○○～</td></tr>
<tr><td>人との関わり
○○～</td></tr>
<tr><td>社会との関わり
○○～</td></tr>
<tr><td>自然や命との関わり
○○～</td></tr>
</table>

20 総合単元的道徳学習って何？

ANSWER!

特定の道徳的価値を中核に据えた指導計画

総合単元的道徳学習は，重点目標や学校課題等の特定の道徳的価値に基づき，道徳科の時間を要として，その周辺にねらいと関わりのある学習や豊かな体験を配置し，短いスパンで道徳学習が継続的・発展的に行われるよう計画されたものです。ねらいと関連の深い各教科の単元を道徳科の時間と関連させ，教科固有の目標にそって指導を展開し，道徳的価値に即した一連の道徳学習に取り組みます。ここでは，自作読み物教材「人生を変えた一杯のみそ汁」を活用し，各教科や修学旅行などの豊かな体験を通して，〈C 我が国の伝統と文化の尊重，郷土を愛する態度〉を育成することを目指した実践例を紹介します。

【単元・題材構想図　中学校３年生での実践例　時期　10月～２月】

目指す生徒像　日本人としての自覚と誇りをもつ生徒

【教科や学校行事で】

＜音楽科＞一「箏に親しもう」
ゲストティーチャーを迎えて箏の演奏に取り組み，日本の伝統音楽の素晴らしさを感じ取る。

＜国語科＞一「俳句をつくろう」
修学旅行の体験を素材に俳句をつくり相互に味わう。

＜総合的な学習の時間＞一「我が国の伝統文化を理解しよう」
京都・奈良への修学旅行に向け，日本の伝統文化の素晴らしさを理解する。

＜学級活動＞一「これが日本」
修学旅行の体験を生かし，日本のよさを見つめ，日本人としての自覚を深める。

＜文化祭＞一学級展示「日本の和の心」
修学旅行でクラス全員で体験した扇作りでの作品を展示する。

＜行事＞一給食週間に正月料理を味わう「行事食を味わおう」
正月料理などの日本の行事食を味わい，よい食文化を受け継いでいこうとする心情を育てる。

＜社会科・美術科＞一「日本の美術作品や建築物を味わおう」
寺社や仏像などの特徴を理解し，古来からの日本人の知恵や芸術性の高さを感じ取る。

＜道徳科の時間＞一松尾芭蕉の俳句を使った道徳の授業
「人生を変えた一杯のみそ汁」の道徳の授業

21 いじめ防止と道徳の教科化とは？

ANSWER!

いじめ問題は教科化の背景の一つ

児童生徒が安心して生活できる場，それが本来の学校の姿です。道徳科では，児童生徒が自己を見つめながら，他者の意見を傾聴することを通して，互いの心の距離を縮め，自他を尊重する心情を養います。安心して自己を語ることができる学級集団は，人とつながる力の基盤をつくります。学級集団は，そのつながりを大切に育みながら，協力し合うことで連帯感が生まれ，各自が役割を果たすことで，自己有用感が確立されていきます。

いじめ防止対策推進法　第15条には

> 児童等の豊かな情操と道徳心を培い，心の通う対人交流の能力の素地を養うことがいじめ防止に資することを踏まえ，全ての教育活動を通じた道徳教育及び体験活動等の充実を図らなければならない。

と示されています。

いじめ問題を改善するためには，相手の痛みに寄り添うことのできる共感的態度を育てることが重要です。いじめが発生した時，そこには，いじめる子ども，それに同調しいじめをあおる子ども，傍観する子ども，そしていじめを受ける子どもが存在します。日頃から，集団の質の向上を丁寧に積み重ね，正義の通る集団をつくっていくことが大切です。そのためには，一人一人がかけがえのない存在であるという認識，自分と異なるものを受容する寛容な心，善悪の判断などを道徳教育を通してしっかりと育成する必要があります。また，道徳科においては，いじめ問題を自分ごととしてとらえ，真剣に道徳的問題と向き合っていくような授業を構築することが大切です。

道徳の教科化の背景には，2011（平成23）年にいじめを受けた中学２年の生徒が，自ら命を断つという痛ましい事件が滋賀県大津市で発生したことも一つの要因となっています。この事件を受け，2013（平成25）年に内閣総理大臣の諮問機関として発足した教育再生実行会議は，同年２月25日に「いじめの問題等への対応について」を提言し，その中で「心と体の調和の取れた人間の育成に社会全体で取り組む。道徳を新たな枠組みによって教科化し，人間性に深く迫る教育を行う」ことを示しました。

相手が特定できないネットいじめなども，増加の傾向にあります。ネットいじめは，いじめの証拠を把握しにくく，本人が気づかない場面で悪口がどんどん拡散していく悪質ないじめです。小学校低学年から年代が高くなるにつれて，情報機器の活用頻度は高くなっていきます。児童生徒の実態をよく把握し，家庭との連携を図りながら繰り返し指導をする必要があります。

新たな道徳科ではいじめ問題への対応も考慮され，小学校低学年では〈個性の伸長〉〈公正，公平，社会正義〉〈国際理解，国際親善〉，中学年では〈相互理解，寛容〉〈公正，公平，社会正義〉，高学年では〈よりよく生きる喜び〉の内容項目を新たに追加しました。

ここで，いじめに関わる教材を活用した指導案例を紹介します。教材は，主人公が小学校６年生の時の卒業文集によって相手の心情を知り，同級生をいじめたことを回想し，自責の念にかられ苦悩するというものです。いじめられる同級生の痛み，主人公の弱さなどに向き合い，いじめを断固として許さない心情を育むことを目指しています。

１　主題名　差別を許さない　〈C 公正，公平，社会正義〉

２　教材名　「卒業文集最後の二行」

（出典　文部科学省『私たちの道徳　中学校』）

３　主題設定の理由

（1）ねらいや指導内容についての教師の捉え方

軽い気持ちから出た言動が相手を追い詰めてしまう場合は多々ある。差別や偏見の根底には，ねたみやストレスなど自己の感情のコントロールができず，その鬱積した思いがあるにちがいない。指導においては，誰に対しても分け隔てなく接し，正義ある行為がとれるよういじめの愚かさを理解させ，他者を傷つけるだけの無意味な行動は断固として許されないことを捉えさせるようにしたい。

（2）生徒のこれまでの学習状況や実態と教師の生徒観

中学校におけるいじめ等の問題行動は，自殺を伴うものなど社会問題にも発展し，早急に解決しなければならない喫緊の課題である。いじめはいけないことだと認識はしていても，ともすれば，同調していじめをはやしたてたり，傍観し，それをとめる勇気をなかなかあらわすことができない場合もある。そこで，人間尊重の立場から，差別や偏見をなくす努力，思いやりをもって接することの大切さを多面的・多角的に考えることを通して，決していじめを許さない態度を養っていきたい。

（3）使用する教材の特質や取り上げた意図及び生徒の実態と関わらせた教材を生かす具体的な活用方法

読み物教材「卒業文集最後の二行」は，いじめを決して許さず，誰に対しても公正，公平に接し，差別や偏見のない社会を実現しようとする態度を育てることをねらいとしている。生徒が自らいじめについて学び，考える切り口となる教材である。差別的な言動に対して毅然と立ち向かう勇気を育てたい。いじめたことを後悔する主人公の思いを捉えさせるとともに，差別や偏見によっていじめられたT子がどれほど辛く苦しい思いをしているかを自分ごととしてしっかり考えさせることが大切である。

4　ねらい

卒業後長い歳月を経ても風化することのない主人公の自責の念や，いじめられたT子の痛み，悲しみに共感し，考えることを通して，いじめのむごさ，悲惨さを知り，正義の大切さに気づき，誰に対しても公正，公平に接し，差別や偏見のない社会を実現しようとする態度を育てる。

5　授業展開

◎導入で
『私たちの道徳　中学校』（P162）「正義感」を活用し，「悪いことをやめさせることがなかなかできないのは，なぜだろう。」に記入し，集約した結果を提示して，価値への方向づけを行う。
◎話合いの柱としては，
①どんな気持ちで主人公はT子さんをけなしていたのだろう。
・おとなしいからいじめやすい。
②目の前が真っ白になり，同時に真っ暗になってもT子さんを責めた主人公の気持ちはどのようなものだったのだろう。
・T子さんに負けて悔しい。
・カンニングをしてしまったけど，そんなのどうでもいい。
・T子さんが本当は最高点をとったなんて。
○調子にのっているうちにうしろめたさが消えていった主人公の弱さ，醜さを捉える。

③卒業文集の最後の二行を読んだ主人公が，
　果てもなく泣いたのはなぜだろう。

（中心発問）
- 苦しかっただろう。辛かっただろう。
- 情けない。
- なぜもっとわかってあげられなかったのだろう。
- 一生取り返しのつかないことをしてしまった。申し訳ない。

（補助発問）※T子さんの痛みに十分共感させる。
卒業文集最後の二行には，T子さんのどんな思いが込められているのだろう。
- 誰も私をかばってくれない。
- 何てみじめなんだろう。
- 私には友達がいないんだ。

④その後の主人公は，どのような思いを抱いて生きてきたのだろう。
- 自分に恥じない生き方をしよう。
- 誰にでも平等に接したい。

◎終末に，
『私たちの道徳　中学校』（P164）のコラムからガンディーの言葉，
「全ての人の目から，あらゆる涙を拭い去ることが私の願いである。」
を朗読して余韻をもって終わる。

道徳科の授業では，役割演技を取り入れる機会もありますが，いじめそのものの場面を設定することは避けましょう。役割演技を通して，痛みを覚えたり，それがひきがねとなって実際のいじめへと発展したり，マイナスの要素が多いからです。

いじめ問題を取り扱う場合には，このような点にも
十分に留意しましょう

〈参考〉いじめ防止対策推進法　第２条（いじめの定義）

「いじめ」とは，児童等に対して，当該児童等が在籍する学校に在籍している等当該児童等と一定の人的関係にある他の児童等が行う心理的又は物理的な影響を与える行為（インターネットを通じて行われるものを含む。）であって，当該行為の対象となった児童等が心身の苦痛を感じているものをいう。

22 情報モラルって？

ANSWER!

情報社会での適正な活動のための考え方

『学習指導要領解説』（小 P 97，中 P 99）によれば，「情報モラルは情報社会で適正な活動を行うための基になる考え方と態度と捉えることができる。」と示されています。小学校では 2020 年度から，中学校では 2021 年度から施行の新学習指導要領では，「情報活用能力」をすべての学習の基盤となる資質・能力と位置づけています。道徳科においては，情報社会の倫理や法の理解と遵守などとの関連を中心に取り扱うことができます。

指導にあたっては，児童生徒の実態をよく把握し，情報社会で安全に生活するための個人情報の保護，著作権等に対する対応，危険回避の理解などの「知恵を磨く領域」の知識をベースに，相手を思いやり，正しい判断で行動できる「心を磨く領域」を関連づけ情報社会の倫理と，法の理解と遵守の双方から指導を展開する必要があります。道徳教育においては，その中でも特に，情報を活用するにあたっての「心を磨く」ことが求められています。

チェーンメールやなりすましなどによるいじめは後を絶ちません。このような情報社会の闇の部分を少しでも改善していくためには，他者との関わり合いを大切にし，すれ違いをなくし，「真のコミュニケーションとは何か」を考えさせていくことが重要です。実生活で対人関係のコミュニケーションに不安を抱く児童生徒が，ネットワークに依存し，その世界の中だけで自己主張することができるというケースも多く見られます。

道徳科では，顔の見えない相手を気遣い，誠実に対応することの大切さに気づかせ，よりよいコミュニケーションの在り方について考えさせるようにしたいものです。情報モラルと関わって児童生徒に考えさせたい視点は，中学校では，

〈A 自主，自律，自由と責任〉〈A 節度，節制〉〈A 希望と勇気，克己と強い意志〉〈B 礼儀〉〈B 思いやり，感謝〉〈B 相互理解，寛容〉〈B 友情，信頼〉〈C 遵法精神，公徳心〉〈C 公正，公平，社会正義〉

などアプローチの方法は多岐にわたります。

「超スマート社会（Society5.0）」の実現に向け，2019（令和元）年 6 月 28 日には「学校教育の情報化の推進に関する法律」が施行されました。技術的な情報活用能力の育成とともに，ネットワーク上でも相手の立場になって思いやりのある行動ができる児童生徒を育てましょう。

ここで，教材「言葉の向こうに」の指導案例を紹介します。

【指導案例】

1　主題名　広い心で　〈B 相互理解，寛容〉

2　教材名　「言葉の向こうに」(文部科学省『中学校道徳　読み物資料集』)

3　あらすじ

加奈子は，インターネットで，ヨーロッパのサッカーチームのA選手のファンサイトで交流していたが，ある試合の折，心ない書き込みが続いた。それに腹を立てた加奈子は，辛辣(しんらつ)な言葉で応酬し，逆に注意されてしまう。悩む加奈子に「言葉の向こうにいる人々の顔を思い浮かべてみて」という言葉が飛び込んでくる。その言葉に「はっ」とし，見えない相手の存在を忘れていた自分に気づくという読み物教材である。インターネット上の書き込みのすれ違いが問題である。

4　指導上の留意点

ネット上には様々な情報があふれている。その多様な見方や考え方を受け入れながら，的確に吟味し，生かしていくことが大切であり，情報発信の際は，不特定多数が対象であることを意識させていきたい。また，情報機器の使用状況には個人差がある。日頃より，教師はクラスの実態をしっかりと把握しておく必要がある。

5　指導の実際

○ねらい

インターネットの書き込みによるすれ違いに気づく主人公について考えることを通して，言葉の向こうにある目に見えない人々のいろいろなものの見方や考え方を尊重し，寛容の心をもとうとする態度を育てる。

○導入で

「電話で話す」「対話する」「メールする」「手紙を書く」ことのメリットとデメリットを考え，発表し，話合いの方向性をつかむ。

・文字によるコミュニケーションは，表情が見えないから誤解も多いとか，逆に，面と向かって言えないことを伝えることができるなど。

ここでは，身近な日常生活の情報手段を素材とし，生徒の関心を高める。

○展開

発問１　必死で反論する加奈子の言葉が，次第にエスカレートするのはなぜだろうか。

・相手が見えないので反論しやすい。

・ファンとしてはAの悪口に黙ってはいられない。

発問２　「中傷する人たちと同じレベルで争わないで」という書き込みを見て，加奈子はどんなことを思っただろう。

・私は悪くない。同じファンの仲間だと思っていたのにひどすぎる。

・悪口を書いてくる方が悪いんだ。

・大好きな選手の悪口は許せない。
・黙ってはいられない。
発問３　「あなたが書いた言葉の向こうにいる人々の顔を思い浮かべてみて」と言われた加奈子は，どのようなことを考えただろう。
・相手があることを忘れていた。ネット上での交流は難しい。
・いろいろなものの見方や考え方があるんだ。
発問４　加奈子が発見した「すごいこと」とは何だろう。
・言葉を越えた思いや気持ちを交わすことが本当のコミュニケーションなんだ。
・相手の立場や考えも聞く姿勢をもつことが大切なんだ。

ここで疑似体験を入れてみましょう

メールでのやりとりと，直接フェイストゥフェイスで気持ちを伝え合う双方を体験し，その時の心理状態の違いなどから，思いを伝え合う時に大切なことなどについて（小グループ，またはペアで）話し合い，その後，全体で深めてみましょう。特に議論は対話がベースとなるので，双方がわかり合える言葉による論理的なコミュニケーションを体験する機会をあえて設定していくことも大切です。情報モラルの指導は，全教科や領域において，学校教育全体を通じて計画的に行われなくてはなりません。例えば，特別活動において，インターネットトラブルに関する自己の体験を想起し，なぜこのようなことが起こったかを考え，それを防ぐためにはどうしたらよいかを話し合うことも有効です。(各自書く活動に取り組んだ後，小グループで話し合います。）そこでは，
・相手が見えなくなると，つい配慮を欠いた言葉が出てしまう。
・自分が心ない言葉を受け取った時の気持ちを理解しないといけない。
・自分の思いが正しく伝わるように書かないといけない。
という意見が多く出ます。

このように情報モラルに関する学習を通して，トラブルに陥らない判断力を高め，実践に生かしていくことも大切です。

さらには，こうした情報機器の使用には，家庭教育が大きく関わってきます。家庭におけるルールづくりなどとともに，情報モラルをテーマとした道徳の授業公開やセーフティ教室などに保護者の参加を積極的に促し，保護者と手を携えて子どもたちの健やかな成長を図っていきたいものです。

23 現代的な課題の扱いは？

ANSWER!

多様な見方や考え方が必要

刻々と急変する現代社会を生き抜く上で出会うであろう課題は，多岐にわたります。『学習指導要領解説』（小 P97，中 P99）には，「（中学校では，科学技術の発展と生命倫理との関係や）社会の持続可能な発展などの現代的課題の取扱いにも留意し，身近な社会的課題を自分との関係において考え，その解決に向けて取り組もうとする意欲や態度を育てるよう努めること。」と，発達の段階に応じて現代的な課題を身近な問題と結びつけて，自分との関わりで考えられるようにすることが求められています。

ここでいう現代的な課題とは，具体的には，「食育，健康教育，消費者教育，防災教育，福祉に関する教育，法教育，社会参画に関する教育，伝統文化教育，国際理解教育，キャリア教育」などです。これらの課題は，各教科と関連づけて学習したり，課題を主題とする教材を活用して学習することが大切です。

現代的課題には，環境，貧困，人権，平和，開発といった様々な問題があり，これらの問題は，生命や人権，自然環境保全，公正・公平，社会正義，国際親善など様々な道徳的価値に関わる葛藤や対立があります。答えが一つではないため，多様な考え方や見方が必要です。このような葛藤や対立を含む課題には，他者と協働し，互いのよさを認め合いながらできる限りの納得解を見いだしていく姿勢が大切です。現代的な課題は，横断的，総合的な課題を扱うことから，「総合的な学習の時間」との関わりも考えられます。

道徳科においては，〈B 思いやり，感謝〉〈B 相互理解，寛容〉〈C 規則の尊重〉〈C 公平，公正，社会正義〉〈C 国際理解，国際親善〉〈D 生命の尊さ〉〈D 自然愛護〉などの内容と関連づけながら自分との関わりで深く考え，課題の解決に向けて取り組む意欲や態度を育成したいものです。

一つの課題には複数の道徳的価値が含まれています。授業にあたっては，ねらいとする道徳的価値をしっかりと焦点化し，そこに他の道徳的価値を関連づけながら指導を行うことが大切です。

『小学校学習指導要領解説　総則編』の巻末の付録６（P204～P249）には，「現代的な諸課題に関する教科等横断的な教育内容」が詳細に示されているので参考にしてください

24 安全の確保って？

ANSWER!

安全文化の構築

天災や人災などが後を絶たない昨今，自他の命をしっかりと守るための基本的な考え方を身につけ，互助互恵の心構えをもって行動することは極めて重要なことです。

『学習指導要領解説　総則編』（小 P144，中 P147）には，「児童（生徒）自身が日常生活全般における安全確保のために必要な事項を実践的に理解し，生命尊重を基盤として，生涯を通じて安全な生活を送る基盤を培うとともに，進んで安全で安心な社会づくりに参加し貢献できるような資質や能力を育てることは，次世代の安全文化の構築にとって重要なことである。」と示されています。また，『学習指導要領解説　総則編』（小 P141，中 P143）には，「道徳教育の指導内容が，児童（生徒）の日常生活に生かされるようにすること。その際，いじめの防止や安全の確保等にも資することとなるように留意すること。」と道徳教育と安全，防災意識の醸成との関連を図るよう示されています。

道徳教育では，安全教育や各教科等と関連させながら展開することが必要であり，道徳科においては，

〈A 節度，節制〉

〈B 親切，思いやり〉（中学校では〈B 思いやり，感謝〉）

〈B 友情，信頼〉

〈B 相互理解，寛容〉

〈C 勤労，公共の精神〉（中学校では〈C 社会参画，公共の精神〉）

〈D 生命の尊さ〉

などの内容項目において指導することができます。

25 学校・家庭・地域の連携は？

ANSWER!

それぞれの役割を果たした連携を

子どもは学校だけで育つものではなく，学校，家庭，地域社会がそれぞれの役割を果たしながら一貫した方針のもとに連携協力してこそ，健やかな成長が期待されます。学校では各々の実態に合わせ，積極的に道徳科の授業を公開していくことが大切です。その際，道徳科の目指すものの説明文や参観授業の略案などを配付し，道徳科の時間にどのような学習が行われているのかの理解を促し，協力体制を確立しましょう。さらには，学校便りや学校ＨＰ（ホームページ），道徳通信の発行により，道徳教育に対する理解を深めてもらいましょう。家庭や地域社会は，学校での学習の実践の場としての重要な役割を果たします。

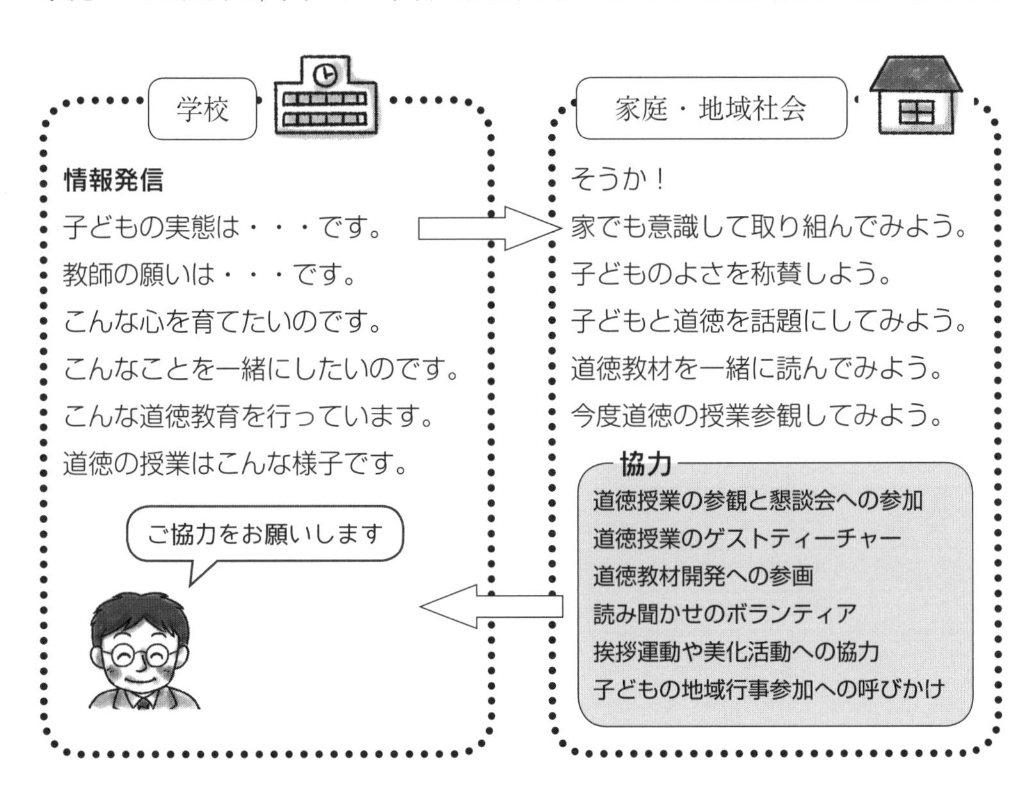

保護者参加型の道徳授業をやってみよう

日頃，家庭ではなかなか人間としての生き方について家族で語り合う機会は少ないものです。道徳の授業を通じて保護者も子どもたちと一緒に話し合うことは，双方の新たな考え方を知り，価値観の見方・考え方に大きな広がりと深まりを生み出していきます。授業参観実施までには保護者へ案内の手紙を配付し，事前に授業の流れを伝えておくことが大切です。

【実施までの手順】

・校長先生に保護者参加の道徳授業の趣旨を説明し，実施の許可をもらいます。
・学年会で年間指導計画に基づき教材を選択し，指導内容を検討します。
・保護者への発問，座席の配置などをよく考えます。
・保護者へ案内の手紙を配付し，参加の有無を把握します。
・授業を実施します。
・授業後に懇談会を行い，より相互理解を深めたり，道徳通信等で感想などを共有したりします。

教材を選ぶときは，実態に配慮して決定しましょう

【保護者への案内の手紙文例】

第○学年○組　保護者　様

○年○月○日（○）

道徳授業参加協力のお願い

○○市立○○中学校長　○○　○○
第○学年○組　担　任　○○　○○

新緑が目にまぶしいさわやかな季節となりました。保護者の皆様には，日頃より本校の教育活動へのご支援，ご協力をありがとうございます。

さて，○日（○）の授業参観日では道徳の授業の公開を行います。道徳教育とその要となる道徳科をご理解いただき，共に手を携え子どもたちの健やかな成長を促していきたいと願っております。つきましては，子どもたちの心に響く学習とするため，ぜひ，保護者の皆様にも授業にご参加いただきたいと考えております。ご協力をよろしくお願いいたします。

尚，道徳教育や道徳科，当日の学習の流れについては別紙をご覧ください。

記

1　日時　　○月○日（○）第○校時　○時○分～○時○分
2　場所　　○年○組　教室
3　学習のねらい　自分を育て支えてくれる家族の愛情に気づき，感謝する心情を育てます。
4　ご協力いただく内容
道徳の教材「お母さんへ」を読み，母親の思いを想像しご意見をいただきたいと思います。

【道徳通信例】

【〇年〇組　道徳通信】

〇年〇月〇日

道徳公開授業から

連休もあけ，いよいよ学校生活の充実にむけ，スタートの時期となりました。朝のあいさつ運動には，生徒会をはじめ，たくさんのクラスの仲間が，自主的に参加し五月晴れの空にさわやかなあいさつが響いています。

さて，５月の学校公開では，道徳の授業を公開しました。授業には，お母さん方にも参加していただきました。教材は「お母さんへ」を扱いました。内容は，子どもたちと同じ14歳の女の子が，３度目の大きな心臓の手術の三日前にお母さんへあてた手紙です。出典はＰＨＰからです。保護者の方にご協力いただいたおかげで，充実した授業となりました。ありがとうございました。

主人公の生き方を通して感じたこと，考えたことをご紹介します。

生徒の感想

・主人公の14年間はとても苦労したと思うけど，いろいろな気持ちを知り，母親の大切さが身にしみたと思う。

・ぼくが主人公のような状況になったら主人公のような生き方はできないと正直思いました。ぼくは健康なので一日を一生懸命生きたいと思います。

・最初はうしろばっかり見てめそめそしたり悪いことばかり考えていたけど，最後にはめそめそしないでがんばってたからすごいと思いました。

・ずっと母に育ててもらったからその感謝の気持ちを忘れないで生きる大切さを感じました。

・主人公はたくさんのありがとうを言ったことがすごいと思う。自分も一日一日を大切に生きたいと思いました。

・以前はお母さんといて恥ずかしかったけど，今は一緒にいたいと思っている。

・お母さんに感謝する気持ちを忘れないようにしたい。

・14年間も思い病気でつらいこともたくさんあるけど一生懸命前を向いて生きているところがすごいと思った。

・私と同じ年なのに重い病気をかかえてしかもお母さんを気にかけている。すごく偉いと思った。

・14年間という短い命だったけど中身のつまった人生だったと思います。親子の絆が深かったなと強く思いました。生きる大切さが強く伝わってきました。

・生まれたときから普通の人よりできることが少ないということはつらいことなんだと思いました。お母さんの前向きさを見て育ったからこんなに悪いことがおきてもつらいことがあってもめげずにいられるんだと思いました。

・小学校の時からずっと一緒にいてくれたお母さんにとても感謝していると思う。

・自分が五体満足で健康に生きるのはあたりまえだと思ってたけど世の中には大きい病気をもっていたりする人もいるので人生という長いようで短い時間を一日一日または一分一秒無駄にしないで生きたいです。

・自分に「がんばれ」ということばを支えにして生きようという思いを感じた。

・わたしがこの子と同じ立場ならここまでプラス思考で考えることはできないと思います。こわくて苦しくてどうしようもないと思います。亡くなってしまったことがとても残念に思いました。

・手術を2回も失敗して普通の人ならすごく辛いのに主人公はお母さんのことまで心配しながら生きてすごいと思った。

・主人公は私たちよりももっと辛い思いをしているからわたしもあきらめないでもっとがんばろうと思った。

・自分で精一杯のはずなのに主人公はお母さんのことも考えてすごいと思った。

・こんなに重い病気をもって生まれてきたのにお母さんと一緒に前向きに生きてすごいと思った。

・お母さんの14年間の苦労に手術を目前にありがとうを伝えすごいと思った。

・病気がなく健康に育った人でも自分のこと以外考えられない時もある。わたしも自分の人生と向き合って生きたいと思った。

最後に一つ感想文を紹介します。「主人公は苦労したんだろうな，でも，楽しいことがいっぱいあってよかったと思う。14年間を一生懸命生きてくれたことにお母さんは感謝していると思う。」というお母さんの視点に立った感想もありました。授業後，少し話しました。おうちではドラマなどを家族で見た後に，お父さんと人生についてよく語り合うそうです。今回の教材をもとに，ご家庭でもぜひ話題にしていただければと思います。私も，子どもたちの言葉からいろいろなことを考えました。

最後に，授業に参加してくださったお母さんたちの感想を紹介させていただきます。

お母さんたちの感想

○命というものはあらためて考えると難しいのですが，自分の命はずっと何世代も前から受け継がれてきたもの。やはりかけがえのないものだと思います。生きるということは決して楽しいことばかりではありません。つらさ，くやしさ，悲しさなどいろいろな経験をして強くなり成長していくことだと思います。

○命は何よりも大切なものです。命は自分ひとりのものではないと思います。その命を支えているのは多くの人たちがいるということを知ってほしいのです。生きることは楽しいことばかりではありません。きっと苦しいことのほうが多いと思いますが，後にさがったり立ち止まったり，泣いたり笑ったりしながら生きていくものかと思いました。

○命はこの世に存在するものすべての中で最も尊いものだと思います。生きることはとても難しいことです。人が生きるためには衣食住が必要ですが，このすべてを得るために一生懸命働かなくてはなりません。矛盾を感じながら生きていくのでしょうが，その中で人は考えながら喜びを見いだしていくものだと思います。

ご協力ありがとうございました。

教室風景

８：３０の朝読書のチャイムが鳴ると，学級委員さんの「読書を始めましょう！」という声が教室に響きます。朝読書では，みな熱心に読んでいます。朝の１０分間の積み重ねは大きいです。休み時間，読書の熱中している生徒もいます。これからもたくさんの本を読んで，心を豊かにしていってください。

心からありがとう

４月から，毎日毎日放課後の教室を自主的にきれいにしてくれている人たちがいます。朝，教室に入った時，とても気持ちがいいです。心からありがとう。

家庭でも教材を一緒に読んだり，道徳の授業を話題にしたりして，子どもたちのよさや成長を認め，励ますことが大切です

26 道徳教育の評価って？

ANSWER!

児童生徒の成長を促す

道徳教育における評価は，道徳科における評価とは視点が異なります。また，道徳科においても児童生徒の成長を認め励ますための評価と，教師がよりよい授業改善を目指すための評価についても区別して考えなければなりません。

道徳教育における評価は，教師が児童生徒の人間的な成長を見守り，児童生徒自身が自己のよりよい生き方を求めていく努力を評価し，それを勇気づける働きをもつものであるといえます。児童生徒自身も自分の成長を実感しながら，課題を発見し，さらによりよい生き方を目指していくことが重要となります。

『学習指導要領解説　総則編』（小 P93, 中 P91）には，評価の意義として，「児童（生徒）のよい点や進歩の状況などを積極的に評価し，学習したことの意義や価値を実感できるようにすること。」と示されています。児童生徒一人一人の道徳性が道徳教育の目標や内容を窓口として，どのように成長したかを明らかにすることが求められていることを意味します。これまで，道徳教育の評価は，例えば指導要録の「行動の記録」や「総合所見及び指導上参考となる諸事項」において，児童生徒の教育活動全体で見られた道徳的な行為など成長の状況を総合的に評価してきました。それは，今後も変わりません。しかし，教科化に伴って新たに「特別の教科　道徳」の欄が設けられ，「学習状況及び道徳性に係る成長の様子」を記載する欄が設けられました。この欄には１年間を振り返って，児童生徒の学習状況や道徳性に係る成長がどのように見られたかを大くくりなまとまりで表記します。

教師には，児童生徒一人一人をよく理解し，慎重な姿勢で評価することが求められます。偏見や独断によらず児童生徒をできるだけ正確に理解し評価すること，児童生徒一人一人がよりよく生きる力をもっていると信じその成長を信じ願う姿勢をもつこと，児童生徒との信頼関係を深め共に成長しようとする姿勢をもつことが大切です。

先生は，自分のよいところをしっかりと見てくれていると児童生徒が受け止めるように，正確で適切な評価を心がけましょう

27 道徳科の評価って？

ANSWER!

成長を認め，励ます評価

道徳科においては児童生徒の学習状況や道徳性に係る成長の様子を認め，励ます評価を通して道徳性を養うことをねらいとします。指導したことがどれだけ身についたかを評価するのではなく，どれだけ伸びたかを見ていきます。児童生徒は，自分のよさや成長を認め，励まされたことにより，児童生徒の心には自信や自尊感情が育ちます。内面的資質である道徳性は容易に評価できるものではないので，道徳科では，その視点を明確に，学習状況や成長の様子を適切に把握し評価します。もちろん，数値による評価は行いません。児童生徒自らが自己評価力を高めながら，課題を見いだし，成長することが大切です。

道徳性の形成には，長期的・継続的な指導が必要であり，評価の対象場面もあらゆる活動に及んでいることを考慮に入れなければなりません。評価の妥当性や信頼性を高めるには様々な工夫が必要です。

また，発達障害等の児童生徒が抱える学習上の困難さの状況等を踏まえた指導及び評価上の配慮を行う点では，それぞれの学習指導の過程でどのくらいの困難さがあるのかをしっかりと把握し，必要な配慮を行うことが大切です。例えば，相手の気持ちを察することが苦手であれば動作化や役割演技を取り入れたり，集中が持続できない場合は時間配分に配慮したり，ルールを明文化して指示を理解しやすくしたり工夫します。

気をつけようね

- 数値による評価は行いません。→ **記述式**です。
- 道徳性の成長そのものは評価できません。→ **道徳性に係る評価**です。
- 入試の参考にはしません。調査書にも記載しません。
- 道徳の諸様相（道徳的判断力，心情，実践意欲と態度）を分けた**観点別評価は行いません**。
- 内容項目ごとに評価はしません。→ **大くくりなまとまりの評価**です。
- 相対評価は行いません。→ **個人内評価**です。
- 知識としての**価値理解を評価するものではありません**。
- 書く活動だけを評価しません。→ **聞く，話すなども評価**します。

道徳科における評価の基本的態度

2016（平成28）年7月22日の「道徳教育に係る評価等の在り方に関する専門家会議」では，評価について，児童生徒の立場では，自らの成長を実感し，意欲の向上につなげるものであり，教師の立場では計画や授業改善等に取り組むためのものであることが示されました。道徳性とは，人間としてよりよく生きようとする人格的特性であり道徳的判断力，道徳的心情，道徳的実践意欲と態度を諸様相とする内面的資質です。このような道徳性が養われたか否かは，容易に判断できるものではありません。道徳科における評価は，

> 児童(生徒)の学習状況や道徳性に係る成長の様子を継続的に把握し，指導に生かすよう努める必要がある。ただし，数値などによる評価は行わないものとする。
> 『学習指導要領解説』（小 P107，中 P109）

と示されています。

ここでの「学習状況」とは，道徳科の授業における学習の様子です。目標への達成状況ではありません。「道徳性に係る評価」とは，道徳的価値の理解を小学校では自己の，中学校では人間としての生き方につなげ，考えを深める様子を継続的に把握し評価することです。つまり，道徳科の授業を積み重ねた結果，道徳的価値の理解や，物事の見方や考え方，自己の生き方についての深まりがどのように成長したかということです。評価はあくまでも学習状況の評価であり，常に指導に生かされ，児童生徒が学習したことの意義や価値を実感できるようにすることが大切です。学校では，道徳教育推進教師を中心に，毎時間どのような評価材料を累積していくかを明確にし，全教師の共通理解のもと，組織的・計画的に評価を進めます。

保護者に対し，学校としての評価の在り方を説明し，信頼と理解を得ることも重要です

評価の在り方

○評価は記述式です。
○学習活動全体を通して見取ります。
○内容項目ごとではなく，大くくりなまとまりを踏まえ評価します。
○成長を積極的に認め，励ます個人内評価です。
○書く活動だけではなく，聞く，話すという学習活動も重要な評価の対象です。特に発言が少なく，記述することが苦手な児童生徒について，発言や記述ではない形で表出する児童生徒の姿に着目することも大切です。そのためには，複数の教師で授業の学習状況を見取ったり，授業の様子を記録したりしながら児童生徒の様子を評価していく必要があります。

評価の視点は

○一面的な見方から多面的・多角的な見方へと発展させているか。

（例）道徳上の問題に対する判断の根拠などを様々な視点から捉えようとしているか。

（例）自分と違う立場や感じ方，考え方を理解しようとしているか。

（例）複数の道徳的価値の対立が生じる場面において取り得る行動を，多面的・多角的に考えようとしているか。

○道徳的価値の理解を自分自身との関わりの中で深めているか。

（例）読み物教材の登場人物を自分に置き換えて考え，自分なりに具体的にイメージして理解しようとしているか。

（例）現在の自分自身を振り返り，自らの行動や考えを見直していることがうかがえるか。

（例）道徳的な問題に対して自己の取り得る行動について他者と議論するなかで，道徳的価値の理解をさらに深めているか。

（例）道徳的価値を実現することの難しさを理解し，考えようとしているか。

などを重視するよう学習指導要領では示されています。

道徳科の評価の着眼点には「視点」という文言を使います

評価ツールには

・道徳ノート
・ワークシート
・記述や選択式等のアンケート
・教師側の授業記録ノート
・板書の写真記録
・観察などによる見取り

などがあります。

複数の目で児童生徒の成長を見取ることも大切です

評価方法には

・観察

傾聴やうなずき等は，他の教師と協力して評価したり，授業の様子を記録したりすることで円滑に進められます。全教師の共通理解をもって評価の視点を明確にリストアップし，同じ視点で児童生徒を見取っていくことが大切です。

評価の視点を明確に，チェックリストを作成し活用しましょう

○月○日○校時　□年□組道徳授業チェックリスト　教員名						
氏名	うなずき	発言	挙手	傾聴	話合いの様子	その他（役割演技，書く活動等）
A						
B						
C						

・質問紙

教材の内容等について，あらかじめ準備していた質問をしたり，問題場面での判断や理由を問うことによる評価です。

・面接

感じたことや考えたことを児童生徒から直接聞き取る方法です。表情を直接見ることができるので，児童生徒の心の動きを感じ取ることができます。

・ポートフォリオ評価

児童生徒が書きためた「道徳ノート」や「感想文」「作文」「ワークシート」等の蓄積物（ポートフオリオ）から，一人一人の学習状況や道徳性の成長の様子を見取ります。

・パフオーマンス評価

知識やスキルを使いこなすことを見取る評価方法です。発言や役割演技等，課題に対してどのような状況に至ったかを評価します。児童生徒のパフォーマンス（作品）から評価します。

・エピソード評価

児童生徒が道徳性を発達させていく過程での自分自身のエピソード（挿話）を累積することにより行う評価方法です。授業での発言や記述した内容を累積

したものを「短期エピソード」,生活の中での言動や行動の記述を「長期エピソード」として集積し，分析します。

・道徳ノートやワークシート

児童生徒が感じたことや考えたことを文章で記述したものを評価します。書くことが苦手な子には留意する必要があります。道徳ノートは，自らが成長を実感できるように，学校全体で構成を工夫しましょう。

・チームによる評価

評価に対する共通理解のもと，複数の目で児童生徒の成長を見取ることは，評価の信頼性を高めることにつながります。児童生徒の学習状況を見取る方法や役割分担などを事前によく吟味し，組織的に評価しましょう。

★ 指導要録への評価記述と通知表への評価記述の違い

○指導要録は作成が義務づけられた法定公簿です。各教育委員会が様式を定めます。指導要録には一つの授業のみの評価は記載しません。設定されている道徳科の評価欄には，「学習状況及び道徳性に係る成長の様子」を大くくりなまとまりの評価として記述します。

○通知表は保護者に対して児童生徒の学習状況を伝え,協力を仰ぐものです。形式や内容，記載回数は任意であり，法的根拠はありません。年に1回，学年末に記述することも考えられますが，一般的には毎週実施される授業の「指導」に対し,「評価」は学期ごとに行うことが適切であると思われます。保護者には，顕著な授業での成長の様子などをもとに，評価方法等の説明をしっかりと行いましょう。

次ページに示すのは2016（平成28）年7月文部科学省「学習指導要領の一部改正に伴う小学校，中学校及び特別支援学校小学部・中学部における児童生徒の学習評価及び指導要録の改善等について（通知)」より参考として示された指導要録例です。

【指導要録様式例】

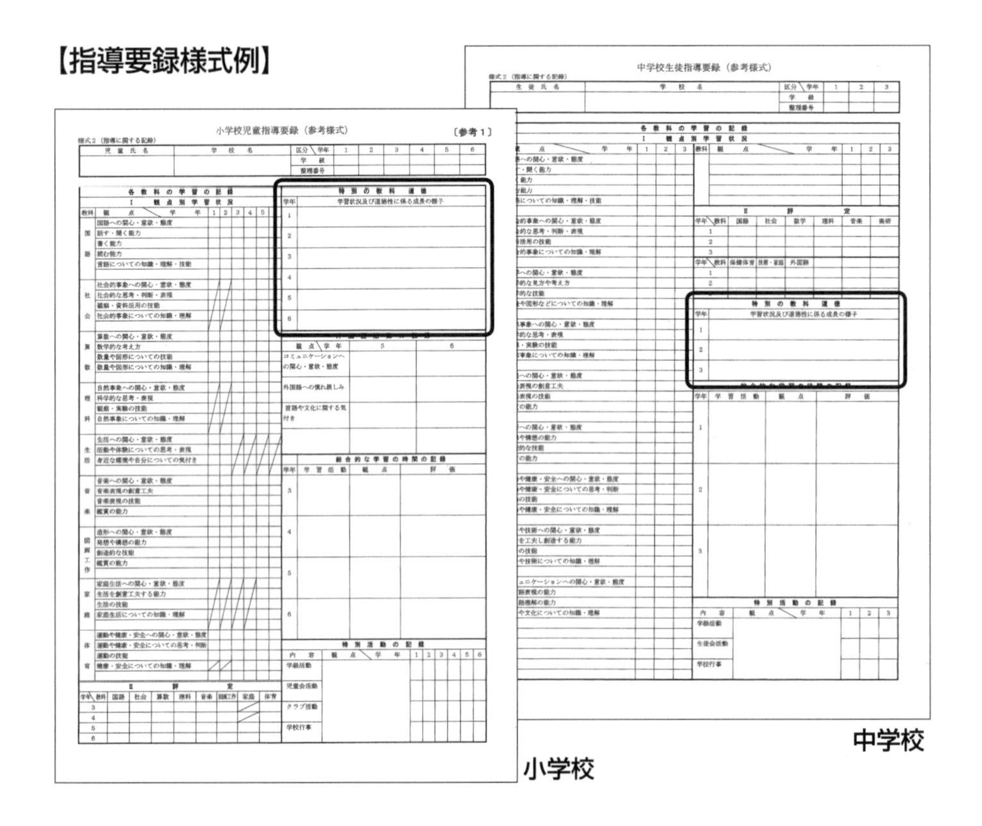

小学校児童指導要録（参考様式）〔参考1〕

様式2（指導に関する記録）

児童氏名 ／ 学校名 ／ 区分＼学年 1 2 3 4 5 6 ／ 学級 ／ 整理番号

各教科の学習の記録

Ⅰ 観点別学習状況

特別の教科 道徳 ／ 学年 ／ 学習状況及び道徳性に係る成長の様子

外国語活動の記録

総合的な学習の時間の記録 ／ 学年 ／ 学習活動 ／ 観点 ／ 評価

特別活動の記録 ／ 内容 ／ 観点 ／ 学年 ／ 学級活動 ／ 児童会活動 ／ クラブ活動 ／ 学校行事

Ⅱ 評定 ／ 学年＼教科 ／ 国語 ／ 社会 ／ 算数 ／ 理科 ／ 音楽 ／ 図画工作 ／ 家庭 ／ 体育

小学校

中学校生徒指導要録（参考様式）

様式2（指導に関する記録）

生徒氏名 ／ 学校名 ／ 区分＼学年 1 2 3 ／ 学級 ／ 整理番号

各教科の学習の記録

Ⅰ 観点別学習状況

Ⅱ 評定 ／ 学年＼教科 ／ 国語 ／ 社会 ／ 数学 ／ 理科 ／ 音楽 ／ 美術 ／ 保健体育 ／ 技術・家庭 ／ 外国語

特別の教科 道徳 ／ 学年 ／ 学習状況及び道徳性に係る成長の様子

総合的な学習の時間の記録 ／ 学年 ／ 学習活動 ／ 観点 ／ 評価

特別活動の記録 ／ 内容 ／ 観点 ／ 学年 ／ 学級活動 ／ 生徒会活動 ／ 学校行事

中学校

特に，通知表では，学習状況や道徳性に係る成長の様子がしっかりと伝わるよう，児童生徒や保護者に対し，わかりやすく記述します。

「先生は自分が考えたり，感じたりしていることをよくわかっていてくれる。」

「先生は，自分でも気づかなかった成長や，よいところをよく見ていてくれる。」

と児童生徒が安心し，自尊感情を高め意欲をもって生活していけるよう，具体的で，正確な客観性をもった評価が重要となります。

では，具体的な評価記述を考えてみましょう

【字数】

通知表ではおおよそ，100字から150字程度の記述を考えましょう。そのうち，50字程度が要録に記載することができるよう，評価文を作成するのも一つです。

【内容】

○全体を通しての大くくりなスパンでの顕著な成長の様子（50字程度）

○個別の道徳の授業で顕著だった具体的な様子（50字程度）を合わせて評価文を作成してみましょう。

【通知表評価文例】

話合いでは自分と異なる意見を傾聴し，深く考えることを通して，気づいたことを生活で生かそうとする姿勢が見られました。 **（ここまでが大くくりな学習状況の記載 57 字）** **（ここからは個別の授業で顕著と認められる具体的な成長の様子）** 特に教材「二通の手紙」の授業では，友達の意見から，きまりを守ることの大切さへの理解を深め，自分の生活の中でも実践しようとする意欲の高まりが見られました。（全体で 134 字）

記述の仕方については，この構成にとらわれないよう注意しましょう

★ 児童生徒による自己評価

児童生徒が評価の明確な視点をもとに，道徳的学びの深まりについて振り返り，自らの課題や成長を実感することは極めて重要なことです。客観的に自己を見つめることで，メタ認知の向上も期待されます。個人内の成長の過程を重視するためには，自己評価を通してさらなる目標へと向かうという学習活動が大切です。つまり，自分の成長を実感しつつ，新たな課題を発見し，自己評価を通して自分を成長させていくということです。

また，児童生徒による自己評価は，教師の授業改善への生の声として受け止めることで，教師もまた，自分自身を振り返るためのものとなります。

【学期末，学年末の道徳科の自己評価例】

学期末や学年末での大くくりな振り返りです。

○学期　道徳科　　氏名 ◇１学期（学年）を通していちばん印象に残っている教材は何ですか。 教材名「　　　　　　　　　　　　　」 その教材で，どのようなことを深く考えることができましたか。 （　　　　　　　　　　　　　　　　　　　　　　　） ◇１学期（学年）を通していちばん印象に残っている道徳の授業は何ですか。 その授業でどのような学びがありましたか。 教材名「　　　　　　　　　　　　　」 考えたり，感じたりしたこと （　　　　　　　　　　　　　　　　　　　　　　　）

【道徳科の毎授業における自己評価例】

授業終了時に，質問紙等で自己評価に加え，相互評価も合わせて行ってみましょう。

氏名

○月○日　第○回　道徳科　教材名「　　　　　　　　　　　」

◇友達のどのような意見が印象に残りましたか。 対話的学び

（　　　　　さんの　　　　　　　　　　　）という意見です。

なぜならば（　　　　　　　　　　　　　　）からです。

◇今日の授業で学んだことや考えたことはどんなことですか。

（　　　　　　　　　　　　　　　　　　　）

今日の学習を振り返ってみよう

項目	今日の授業で	できた←自己評価→もう少し
1	登場人物に自分を重ねて考えたことを話すことができた。（話す）	A・B・C・D
2	話している人の考えを自分と比べてしっかり聞くことができた。（聞く）	A・B・C・D
3	いろいろな見方を通して自分の考えを広げたり深めたりすることができた。（深める）	A・B・C・D
4	新たな発見や気づきがあった。（気づく）	A・B・C・D
5	自分を振り返り，考えることができた。（見つめる）	A・B・C・D

★ 学習状況って？

例えば，
「命について，いろいろな視点から考えているなあ」
「登場人物をよく自分に置き換えて考えているな」
「友達の話をよく聞いているな」

★ 成長の様子って？

例えば，
「今の自分を振り返って，自分を見直すようになったわ」
「見方や考え方に深まりや広がりが出てきたわ」

演習 道徳科の評価を考えてみよう

よさを的確に認めましょう

児童生徒は，よさを適切に捉えた評価をもって認め励まされることで，自信をもち，自分を成長させようとするさらなる意欲や，自己肯定感がわいてきます。「自分のがんばりをよく見ていてくれる」「自分が気づかないよさを見つけてくれた」という安心感，信頼感が成長を促します。

評価の視点は，前述したように

○一面的な見方から多面的・多角的な見方へと発展させているか。

○道徳的価値の理解を自分自身との関わりの中で深めているか。

を見取り，分析することがポイントとなります。

特に顕著とみられる具体的な学習状況をわかりやすく記述しましょう。

【要録への評価の記載】

要録に記載する，大くくりな評価を 50 字前後で考えてみましょう。

【通知表への評価の記載】

通知表に記載する，大くくりな評価と具体的な学習の状況を組み合わせた評価を 100 字前後で考えてみましょう。

例えば……

「人生を変えた一杯のみそ汁」の授業で顕著な姿勢が見られた場合

道徳の授業では，友達との熱心な話合いを通して，多様な考え方を知り，それをもとに，自分を深く見つめていました。**（ここまで 54 字）**
（ここまでを要録に記載します。そして……）
特に教材「人生を変えた一杯のみそ汁」の授業では，理想の実現に向かう主人公の生き方に共感し，よりよい人生に向かうことの意義について深く考えていました。**（ここまで 128 字）**
（ここまでの全体を通知表に記載します。）

ここでは，多面的・多角的な見方や考え方をしているという点と，自己を見つめているという両方の視点が記述されています。話合いでの発言の様子から評価しています。

例えば……

同じく「人生を変えた一杯のみそ汁」の通知表評価例

> 自分の生活と教材のテーマを重ねて考えを深め，自分の生き方に生かそうとする姿勢が発言から見られました。（ここまで 50 字）
> 特に「人生を変えた一杯のみそ汁」の学習での「日本のよさを見つめ直したい」という感想から，日本人としての自覚の高まりを感じました。
> （全体で 114 字）

ここでは，生徒の発言から，ねらいとする道徳的価値を自分の生活に生かしていこうとする意欲を評価し，さらには書く活動を通して，現在の自分を振り返り，これからの自分の行動を見直している点を評価しています。発言が苦手な児童生徒をどのように見取るかということも大切です。

【生徒の感想例】

> 自分なら，主人公のようになかなか今ある職業をやめて味噌造りを始める勇気はないなと思ったが，友達の「素敵な生き方だ，自分もそんなふうに生きてみたい。」という意見を聞いて，味噌造りを探求していこうという主人公の思いが少しわかったような気がした。主人公の決意には，おやじさんのひたむきな生き方が影響していると思う。そこまでの素晴らしさが味噌造りにはあるのだと思った。自分も生涯をかけて打ち込める道を探したいなと思うようになった。

通知表の記述をしてみましょう。

28 教師の授業改善に向けた評価って？

ANSWER!

指導と評価の一体化のための観点

教師自らがその指導過程や指導方法を振り返り，さらなる指導につなげるよう指導と評価の一体化を図ることや，道徳性の理解において児童生徒との心の触れ合いの中で常になされる共感的な理解が重要となります。

授業改善のためのポイントを観点といいます

『学習指導要領解説』（小 P115，中 P117）には，授業改善に向けた評価の観点を，

ア　学習指導過程は，道徳科の特質を生かし，道徳的（諸）価値の理解を基に自己を見つめ，自己の（人間としての）生き方についての考えを深められるよう適切に構成されていたか。また，指導の手立てはねらいに即した適切なものとなっていたか。

イ　発問は，児童（生徒）が多面的・多角的に考えることができる問い，道徳的価値を自分のこととして捉えることができる問いなど，指導の意図に基づいて的確になされていたか。

ウ　児童（生徒）の発言を傾聴して受け止め，発問に対する児童（生徒）の発言などの反応を，適切に指導に生かしていたか。

エ　自分自身との関わりで，物事を（広い視野から）多面的・多角的に考えさせるための，教材や教具の活用は適切であったか。

オ　ねらいとする道徳的価値についての理解を深めるための指導方法は，児童（生徒）の実態や発達の段階にふさわしいものであったか。

カ　特に配慮を要する児童（生徒）に適切に対応していたか。

と示しています。　　　　＊（　）内は中学校の記述

教師は，常に自らを振り返り，よりよい授業を目指すことが大切です。

授業を他の教員が記録したり，板書の写真を撮ったりするなど，授業の様子を振り返る工夫も必要です

観点を明確にし，相互に授業を参観し合うのも有効です

【導入で】

・ねらいに迫る効果的な導入であったか。

・価値への方向づけが簡潔に行われていたか。

・児童生徒は，ねらいとする道徳的価値に対し興味や関心を高めていたか。

【展開で】

・中心発問等でじっくりと考えさせる時間を確保していたか。

・考えざるを得ないような発問構成になっていたか。

・学習規律を確保し，適時適切な肯定的評価を行っていたか。

・ねらいを達成するために適切な指導方法が工夫されていたか。

・ペア，小集団での話合いや役割演技，書く活動などが有効であったか。

・話合いを深めるために有効な補助発問であったか。

・板書の使い方は思考がよく整理され，構造的でわかりやすいか。

・話合いを重層的な発問等で適切にコーディネートできたか。

・指導・助言等，適切な机間指導を行っていたか。

・教師自ら児童生徒の発言を傾聴していたか。

・児童生徒は他者の話を傾聴していたか。

・児童生徒は道徳的価値を自分との関わりで多面的・多角的に考えていたか。

・児童生徒は多様な感じ方や考え方に気づくことができたか。

・児童生徒がこれまでの自分の生活を振り返り，ねらいとする道徳的価値を今後の生活に生かそうとする姿勢を培うことができたか。

【終末で】

・説話等，児童生徒の心に残る内容であったか。

・児童生徒がねらいとする道徳的価値への理解を深め，実践への意欲を深めることができたか。

コラム

―失敗から学ぶ―

誰でも初めは試行錯誤，昔こんなことがありました

◎話し過ぎてしまったことも……

　道徳の研究授業の時，緊張のあまり自分一人がたくさん話し過ぎたことがありました。時には子どもの声を目線までしゃがんで傾聴する，子ども同士の話合いの時間をじっくりと確保するなど大切ですね。子どもたちにも発言して満足させるのではなく，友達の意見をよく聞く力を身につけさせましょう。

◎一問一答になってしまったことも……

　教師になって日も浅い頃の道徳の授業は，一問一答の話合いも多く，黒板にも一字一句，生徒の発言を書いていました。そこで，話合いを深めたり，広げたりするためにできる限りの生徒の発言を想定し，それに対する発問を考え，授業に臨みました。板書計画も授業の前にしっかりとシュミレーションし，思考の流れや教材の流れをわかりやすくするための場面絵やキーワードなどを黒板に貼ってみたり，色チョークを使い分け事前に板書してみたりしました。

◎説話で……

　野球部を話題にした教材での授業の時，終末の教師の説話で，野球の話をしたところ，野球の話題に生徒の感想が集中してしまいました。教材から離れてねらいに即した説話を心がけようと思いました。もちろん，価値の押し付けにならないよう注意します。

◎教科書をいつまでも読んでいる子どもがいたら……

　授業が進んでも，いつまでも教科書を開いて読んでいる子どもがいました。時には範読後教科書をしまわせ，文章に気をとられることなく生き方を考えられるよう配慮しましょう。

◎反省文になったり決意表明させてしまったことも……

　展開の後段に書く活動を取り入れ，ワークシートに，教材から離れて自己の生き方について書かせた時，反省文や決意表明を書いた生徒もいました。学習をもとにこれまでの自分を重ねて考えさせるよう工夫しましょう。

管理職の先生方へ

年度当初，学校の道徳教育の方針の明示を

道徳教育は，学校の教育活動全体を通して行われる極めて重要な教育活動です。年度当初，校長は道徳教育の方針を明示し，カリキュラム・マネジメントを推進します。

【カリキュラム・マネジメントの三つの視点】

○学校の教育目標を踏まえた教科横断的な視点で，その具現化のために教育内容を組織的に配列します。

○児童生徒や地域の実態を把握した調査やデータに基づき，教育課程を編成し，実施，評価，改善の一連のＰＤＣＡサイクルを確立します。

○教育内容と教育活動に必要な，校内外の人的･物的資源を整備し活用します。

【手立て】

（１）実態の把握（前年度末の３月までに）
児童生徒，教職員や保護者へのアンケートから実態や願いを把握，学校評価の結果からも課題や改善策を考察

（２）校長の道徳教育に関する方針の明確化（４月当初）

（３）重点目標の設定（４月）

（４）指導内容の重点化（４月当初）

（５）組織体制の整備（４月当初）

（６）校内研修の充実等（内容は指導方法の改善か，評価の在り方と体制づくりか，実施時期はいつか，誰を指導者として招聘するか，など）

（７）情報発信（通年）と情報収集
道徳科の授業公開，学校便り，学校ホームページ（ＨＰ）等

（８）積極的な人材活用（通年）と積極的な道徳科授業への参加

（９）諸計画の見直しと改善（通年）　ＰＤＣＡサイクルによる改善

（10）幼稚園，小学校，中学校の連携

【校長先生へ】

学校は，校長をリーダーとした組織体です。学校における道徳教育は，学校の教育活動全体で取り組むものであり，校長は，学校の道徳教育の基本的な方針を，４月当初全教師に明確に示すことが求められます。校長は，道徳教育の充実・改善の方向を視野におきながら，前年度末までに，児童生徒の道徳性に係る実態や教職員，保護者の願いをアンケートや学校評価結果等から把握します。それをもとに，学校の道徳教育推進上の課題を洗い出し，学校の教育目標との関わりにおいて，道徳教育の基本的な方針等を明示するとともに，道徳教

育の重点目標を設定し，指導内容の重点化を図る必要があります。
この明示を通して，全教師は学校の道徳教育の重点や推進すべき方向について共通に理解することができます。また，示された方針をもとに，道徳教育推進教師を要に，全教師が協力して学校の道徳教育の全体計画や別葉，年間指導計画を作成し，実践と改善を図っていきます。

★道徳教育推進教師を中心とした機能的な協力体制の整備

学校が組織体として一体となって道徳教育を進めるために，全教師が力を発揮できる体制を整える必要があります。道徳教育推進教師の役割を明確化するとともに，機能的な協力体制を整え，道徳教育を充実させていく必要があります。全教師が参画する体制を具体化するとともに，道徳教育の推進を中心となって担う教師を位置づけるようにします。

★ＰＤＣＡサイクルの確立による見直しと改善

全体計画や年間指導計画を常に評価して見直しをできる体制を工夫し，不断の改善を図っていくことで，教育内容の質を向上させるための，よりよい循環を実現します。

★情報発信と情報収集，協力体制の確立

道徳教育は学校が核となり，家庭や地域社会と連携し推進していきます。アンケート等による情報収集とともに,積極的な情報発信が重要となります。特に学校の実態に合わせ，積極的に道徳科の授業を公開していくことが大切です。その際,道徳科の目指すものの説明文や参観授業の略案などを配付し,道徳科の時間にどのような学習が行われているのか理解を促し，協力体制を確立することが大切です。また，保護者に道徳授業に参加してもらい，その後懇談会をもつことなども大事です。さらには，学校便りや学校ＨＰ，道徳通信の発行，校内に道徳コーナーを設置する等により，道徳教育に対する理解を深めてもらいながら，それに対する意見を収集する工夫が必要です。
地域には様々な経験豊かな方々がいらっしゃいます。そうした方たちを道徳の授業にゲストティーチャーとしてお招きすることで，児童生徒は多様な価値観に触れることを通して，多面的・多角的に道徳的価値を学んでいきます。地域教材開発の際にも協力を求め教材を開発することでより充実した授業を目指すこともできます。

【教頭先生へ】

校長の道徳教育への方針を具現化するキーパーソンとして，教務主任や道徳教育推進教師，地域とを結ぶパイプ役となり，内容の検討と計画（校内研修の内容と時期，道徳の授業公開，指導者招聘，講演会等）や実施の見届けと改善などを行います。また，校長とともに道徳の授業へ積極的に参加し，児童生徒を複数の目で見取ったり，実態を把握し課題を明確にしたりします。

カリキュラム・マネジメント実践例　1（小学校）

オリンピック・パラリンピック教育（1学期分）

1　取組のねらい

1964年の第18回東京オリンピックからはや半世紀が経過し，再び2020年にオリンピック・パラリンピックが東京で開催されます。児童にとっては，多様な学びを通して豊かな道徳性を育むことができる貴重な機会となります。1964年当時のオリンピック教育は，招致決定の前年の1958年に「道徳の時間」が特設されたなか，公衆道徳の向上をはじめとした社会的課題に向き合う取組が中心として展開されました。今回は，2019年から中学校で「特別の教科　道徳」がスタートし，翌年にオリンピックが開催されます。こうした背景下でのオリンピック・パラリンピック教育（オリパラ教育）には，国際的視野に立ったグローバルな共生社会の中で，思いやりを基盤とし，他者と協働しながら主体的に課題を解決する資質を育てていくことが求められているのではないでしょうか。このような視点から，学校では，オリパラ教育の取組が一過性のものではなく，持続可能なレガシー（遺産）として残せるよう明確な指導観のもと，効果的，継続的な指導を展開し，地域や保護者との連携を図りながら，生涯にわたって児童の豊かな道徳性を養うことを中心として，各教科，領域等，学校の全教育活動を通して着実に取り組んでいく必要があります。

2　実践の概要

4月には学校便りでの地域・保護者への啓発，職員会議での教職員へのオリパラ教育についての周知と指導の方向性の明示，講話朝会でＩＣＴ（情報機器）を活用した児童への働きかけとその後の学級指導の実施，5月にはパラリンピックをテーマにした自作の読み物教材による全校道徳の実施，6月にはアスリート（車椅子バスケット三宅選手）による実技と講話などを切り口として行いました。その後全校での取組を踏まえ，学級では，各教科，総合的な学習の時間，特別活動とオリパラ教育理念との関連を図り，それぞれの教育活動の特質を生かしながら総合単元的道徳学習を展開し多面的・多角的に道徳性を育む場を設定しました。オリパラ教育と関連のあるねらいとする価値は，

〈善悪の判断〉〈自律，自由と責任〉〈正直，誠実〉〈節度，節制〉〈個性の伸長〉〈希望と勇気，努力と強い意志〉〈親切，思いやり〉〈感謝〉〈礼儀〉〈友情，信頼〉〈相互理解，寛容〉〈規則の尊重〉〈公正，公平，社会正義〉〈よりよい学校生

活，集団生活の充実〉〈伝統と文化の尊重，国や郷土を愛する態度〉〈国際理解，国際親善〉〈生命の尊さ〉〈感動，畏敬の念〉〈よりよく生きる喜び〉
など多岐にわたります。発達段階や児童の実態に応じ，これらのねらいに含まれる道徳的価値について，各教科等で課題を明確にした学習活動を，ねらいを重点化した道徳科の時間の事前，事後に据え，体験的な活動や日常的な指導も含めながら指導を展開しました。

取組の流れ

【オリンピック・パラリンピックそのものについての学び】

（1）学校便り〔４月〕
　オリンピック・パラリンピックに関する保護者・地域への啓発

（2）全校朝会〔４月〕
　ＩＣＴを活用したオリンピック・パラリンピックに関する全校朝会

（3）昼のテレビ放送〔５月〕
　視聴覚教材を活用したオリパラの紹介（スポーツ庁教材）

（4）オリパラコーナーの設置

【オリンピック・パラリンピックを通じての学び】

（1）全校道徳集会
　自作読み物教材「金メダル」(マラソンランナー高橋勇一さんの生涯を題材)

（2）アスリートによる講話〔６月〕
　パラリンピックアスリート，三宅克己さん（車椅子バスケット）をお招きした講話朝会

（3）オリパラ給食（オリンピック発祥の地のギリシア料理）〔７月〕

↓

〈各学級における総合単元的な道徳学習の展開〉

ICT を活用し全校朝会で
オリンピック・パラリンピックを紹介

全校道徳集会の様子

カリキュラム・マネジメント実践例　２（小学校）

生命と向き合う道徳教育
―学校ぐるみで取り組む心に響く授業を要に―

1　取組のねらい

４月当初，すべての内容項目の中から，何を重点化して児童を育成したいかというアンケートを全教職員に実施しました。児童の実態に即した課題や，これからの時代を担う児童の目指す人間像を，教師自身が立ち止まって考える機会となります。アンケートからは，〈D 生命の尊さ〉が重点化されました。

先行き不透明で予測不能な時代に向かうなか，他者と協働して課題の解決に取り組み，よりよい社会を築く構成員となる児童が，「生命」の重さをかみしめ，自他の生命を慈しむ心情を養うことは重要な課題です。しかし，児童は日々の生活の中で，「生かされている」ことへの有難さを感じる場面も少なく，人の「死」に直面するという体験も希薄であるため，ただなんとなく生活を送っている児童も多いです。こうした現状から，生命を多面的・多角的に見つめる道徳の授業や様々な体験を通して，自他の生命を尊重し，互いに支え合って生きることでよりよい社会が築かれていくことを自覚させたいと考え取り組みました。

小学校では発達段階に大きな格差があるため，同一教材で道徳の授業を行うことは難しく，従って道徳科と関連した豊かな体験も，低・中・高のブロックごとの取組が一般的です。そこで，道徳科との関連を図った全校での豊かな体験の実現を目指し，同一素材の教材をもとに，発達段階に応じて教材を全教師で開発しました。これにより，同一素材での全校一斉の道徳の授業公開後，教材の主人公による講話集会を，全校児童や保護者，地域の方々を対象に行いました。

2　実践の概要

（１）　道徳教育の重点目標に関する全教職員へのアンケートの実施
（２）　全校児童への〈D 生命の尊さ〉に関するアンケートの実施〔４月〕
（３）　小学校における共通素材での教材の開発
　　　（低・中・高学年用の教材の開発）
　　　・アンケート結果を踏まえ，実態に即した教材の開発
（４）　同一内容項目〈D 生命の尊さ〉での指導案作成
　　　教材吟味の教職員研修

・低学年―主人公の生命の輝きを視点（「生きてるっていいな」）
・中学年―生命の連続性や，母と子が互いの生命を支え合う生き方を視点
（「つながっている生命」）
・高学年―生命の有限性に加え，限りある生命を精一杯生きる素晴らしさを視点（「生命を精一杯輝かせよう」）

（5） 小学校における共通の素材教材による全校一斉公開授業
（略案，教科化の説明配付）

（6） 公開授業後の主人公と全校児童，保護者，地域との交流

（7） 全校児童への〈D 生命の尊さ〉に関するアンケートの実施〔9月〕

（8） 小学校におけるローテーション道徳の成果と課題を検証
（重点化された指導内容）

3 取組の概要

（1） 道徳教育の重点目標に関する全教職員へのアンケートの実施

アンケートを全教職員に実施した結果，〈D 生命の尊さ〉が極めて多く，続いて〈A 希望と勇気，努力と強い意志〉が重点化されました。共通理解をもって重点化された内容を柱に，一貫した教育活動を目指しました。

（2） 生命輝く教育環境

年間3回の親子植栽活動

児童と保護者が一緒に植栽活動を行うことで，一年中あふれるほどの花々が，精一杯命を輝かせ咲き誇り，美しい環境が整っています。

（3） 異学年交流，縦割り活動の実施

下学年の児童へのいたわりの気持ち，上の学年への敬愛の気持ちを双方向に育成し，学校という小さな社会の中で，学年をこえた絆を強化します。これにより，将来，様々な人々とともに尊重し合い協働する素地を培います。

（4）「生命」を見つめる講話集会

レスキュー隊員と校長，全校児童との対話

（5） 全校児童への「生命」に関するアンケートの実施〔4月〕
―児童の実態把握―

全校児童に「命って何だろう」と問いかけます。発達段階に応じた児童の捉え方を把握し，授業改善，教材開発に生かしました。

（6） 小学校における共通素材での発達段階に応じた自作読み物教材の開発

アンケート結果を踏まえ，実態に即した小学校　低・中・高学年児童向けの教材を開発しました。自作読み物教材は，「歌う道徳講師」大野靖之さん

の実話をもとに，インタビューから教材化したものです。主人公は中学時代に母が重い病気であることを知り，母との残された時間をどのように生きたらいいかを真剣に考え，母との命を支え合いながら夢に向かい精一杯生きようとする姿を描いています。この素材をもとに小学校の低学年(「生きてるっていいな」)・中学年（「つながっている生命」)・高学年（「生命を精一杯輝かせよう」）児童向けにアレンジし活用しました。

（7） 小学校における共通素材の読み物教材を扱った校内研修
—全教師による指導案の作成—

共通素材で開発された低・中・高学年用の教材を，同一の内容項目〈D 生命の尊さ〉を視点に扱い，教師がブロックに分かれ，教材吟味・指導案作成を行いました。低･中･高学年の発達段階に応じた指導過程の工夫をブロックごとに紹介し全体で協議することで，〈D 生命の尊さ〉をそれぞれの学年でどのように扱うかという明確な指導観をもち,生命の「有限性」「神秘性」「連続性」「唯一性」などを多面的・多角的に見つめる指導を工夫しました。学習指導要領の解説には，発達段階に応じた指導の視点が示されています。同じ素材の教材を同じ内容項目で全員で吟味していくことは，非常に有意義な研修となりました。

（8） 共通素材の読み物教材を扱った全校一斉道徳の授業公開（保護者や地域との連携）

道徳の教科化の主旨，道徳科の時間の意義等とともに，校内研修で作成した指導案を保護者や地域に配付して道徳の教科化を周知し，共に手を携えて児童を育てる土壌を培いました。

（9） 道徳の授業公開後の主人公との出会い

道徳の授業を終えた直後の児童，そしてそれを参観していた保護者や地域の方々が，主人公による講演と演奏に触れることで，道徳授業と豊かな体験の一体化を図りました。

(10) 〈D 生命の尊さ〉の重点化への取組と形成的評価〔9月〕

教職員の意識を高めながら，重点化を図った結果，児童の「生命は大切なものである」という回答からさらに発展し,「生命を大切にしたい」という回答が極めて多くなり，実生活と自分との結びつきが明確化され，実践へとつながっていく可能性が見られるようになりました。

保護者，地域社会のみなさまへ

子どもは学校だけで育つものではなく，家庭や地域社会の協力体制がとても重要となります。家庭はしつけを基盤として人格を形成する場，地域社会は豊かな関わりや体験を育む場として，学校で指導した内容が道徳的実践を通して生活の中に生かされ，反映される場として機能していくことが重要です。どうぞ本書を通して道徳教育へのご理解を賜り，ご協力をお願いいたします。

【保護者のみなさまへ】

成長を認め，励ましてください

平成 30 年度より小学校において，平成 31 年度より中学校において，道徳科がスタートしました。教科となった道徳科では子どもたちの学習に対する評価が行われます。数値による評価は行わず，子どもたちの成長を認め，励ます評価を記述式で行います。学校では,子どもたちの健やかな道徳性の成長を願い,子どもたちの「よさ」に目を向け，評価することで，子どもたちの意欲や自尊感情を高めていきます。ご家庭におかれましても，ぜひ，道徳科の学習や道徳教育の実践を話題にしていただき，学校とともに手を携えて，子どもたちの成長を認め，励ましていただきたくお願いいたします。具体的には，教材を一緒に読んだり，道徳ノートの記述に励ましや称賛の言葉がけを行ったり，授業の様子を話題にしたりしていただいたりすることで，子どもたちの心に寄り添いながらその成長を見守ってください。

授業参観への積極的な参加を

道徳教育への理解と協力を得るために,道徳の授業公開は重要な取組であり,保護者の方が児童生徒とともに授業に参加したり，授業公開の後に学級等で懇談会を設けたりすることで，学校と家庭が同じ方向を向き，共通理解をもって子どもたちの健やかな成長を促していくことができます。特に家族愛や生命の尊重，基本的生活習慣の確立などの指導に関わる授業では，アンケートに協力いただいたり，手紙を通してメッセージを送ってもらったりすることで，子どもたちの思考に深まりを促します。

【地域社会のみなさまへ】

学校の教員組織は毎年更新されていきますが，子どもたちは長い時間，地域の皆様の支えにより，その特色ある風土の中で育まれています。次世代を担う子どもたちの健やかな成長のために，学校とともに歩んでいただきたくお願いいたします。

豊かな体験の機会を

子どもたちが，多様な価値観に触れ，多面的・多角的に道徳的価値について考えを深める機会への協力をお願いします。道徳的実践の指導場面では家庭や地域社会の果たす役割は大きいです。例えば，子どもたちは，地域社会で行われる祭りの行事に加わり，近所の大人の方，異年齢の人々とともに活動することを通して連帯の意味に気づかされていきます。

授業への協力を

特技や専門的知識をもつ方に，実体験に基づきゲストティーチャーとして授業に参加していただき，質問や意見交換なども取り入れながら授業を展開することで，多様な生き方や価値観に触れ，よりねらいに迫る授業を行うことができます。また，教師自身も多くの示唆を受け，人間としての幅を広げながら，創意工夫を生かした教育活動を行うきっかけをつかむことができます。

地域教材の開発や活用への協力を

子どもたちが暮らす地域社会には，それぞれ伝統があり，特色ある文化があります。そうした郷土の特色を有効に活用し，教材を開発したり，解説を加えたり，実演をしてもらったりと様々なアプローチで子どもたちが地域に愛着や誇りをもつ機会を設定することは大切なことです。また，授業だけでなく，学校のサポーターとしての学習支援や，朝会や集会における講話などにおいて協力していただくことも重要です。

さらに，道徳教育は，いじめの未然防止として，いじめ防止対策推進法にもその充実が掲げられています。子どもたちが，地域の大人たちとの関わりを通して，人と関わることの喜びや大切さに気づき，互いに関わり合いながら「居場所づくり」「絆づくり」を進め，社会性や自己有用感を育てることが重要です。家庭や地域社会，各々が道徳教育において果たす役割をご理解いただき，互いに手を携えて子どもたちの心をしっかりと育んでいきたいと願っております。

保護者参観から保護者参加型への授業実践例（中学校）

★教職員アンケートによる〈D 生命の尊さ〉の重点化

各校の指導内容については，生徒の発達の段階や特性を踏まえ，自立心，自律性，生命の尊重，規範意識，主体的な社会参画，国際社会に生きる日本人としての自覚などの重点化を図り指導していくことが求められています。道徳教育全体計画作成のおり，指導内容の重点化に関するアンケートを全教職員に実施しました。その結果，〈D 生命の尊さ〉が最も多かったため，指導計画作成にあたっても，教職員の願いを十分反映させ，重点化を図りました。

では，生徒は，「生命」というものをどのように捉えているのでしょうか。

まず最初に，「生命に関するアンケート」を実施しました。現代の中学生と自然や人との関わりは，次第に希薄になってきており，生徒が「生命の重さ」を感じ取る機会は極めて少ないものです。アンケート結果からもその実態は顕著でした。このような社会背景の中で，心の不安定な時期にある中学生に，自他の生命の重さ，尊さをしっかりと捉えさせていくことの大切さを改めて痛感しました。

そこで，学級では，〈D 生命の尊さ〉を視点に据えた，保護者参加型の道徳の授業に取り組みました。まず，年度当初に，授業に取り組む保護者への意識づけとして，道徳の公開授業の中で，保護者への発言を求める場面を設定しました。そしてその公開授業の後に，授業にもとづく学級懇談会を行い，担任の願いや，年間を通じて，保護者参加型の授業を行う意図を伝え，協力をお願いしました。その際には，生徒の「生命に関するアンケート結果」も提示しました。

日頃，家庭では面と向かって親と子が，「生命とは何か」などと会話する機会は皆無といっても過言ではありません。しかし，学校の道徳の授業という場面では，親と子が一人の人間として考え，生き方を見つめることで，それぞれの考え方や生き方をわかり合う糸口をつかむことができます。学校生活の中で，大人たちの生き方に対する考えを聞く機会の少ない中学生にとっては，貴重な体験であり，親にとっても子どもの考えを知るよい機会となります。

懇談会では，「子どもの新たな一面を知ることができた。こんなふうに考えるようにまで成長したことがうれしい。」という意見が多く見られました。子どもだとばかり思っていた我が子の精神的な成長を知ることで，家庭の中においても，子どもを一人の人間として尊重し，話し合う機会が増えていくのではないでしょうか。

★多様な連携の創意工夫

本学級では，保護者参加に加え，地域の方や校長，教頭，学年主任をゲストティーチャーに招き授業を展開することで，生徒が，保護者だけでなく，様々な大人の考え方や生き方に触れることができるよう配慮しました。それにより，授業にも，広がりと深まりが生まれてきます。生活経験の不足している生徒に，多くの大人が授業を通して関わることで，生徒に内在する人間としての様々な価値の自覚が触発されていくのです。

★魅力的な教材の開発や活用

道徳教材には，先人の伝記，自然，伝統と文化，スポーツを題材として，生徒が感動を覚えられるような教材の発掘に加え，地域の出来事等に取材した郷土資料の開発も大切です。よりよい教材とは，生徒が共感し，自分の課題として考え，道徳的価値の内面的自覚を深めるための手がかりとなるものです。自作読み物教材の活用では，教師の願いや思いを反映しながら授業を試みることが可能となります。ここでは，自作教材を開発し，それを活用した保護者参加型の授業実践を紹介します。

★自作読み物教材の活用例

自作読み物教材「見沼に降る星」は，筆者が初任者の時に初めて担任した生徒の一人が，中学２年の春，難病であることが発見されたことから始まります。筆者はクラスの生徒とともに病院をたびたび見舞い，病気の生徒を励まし続けました。彼は壮絶な闘病生活に果敢に立ち向かい，卒業式には病院をぬけて車椅子で参列するほど，最期まで前向きに生きようとしていました。しかし，そのかいも空しく，16歳の若さで他界してしまいます。

当時学級委員であった教材の主人公は，苦しむ友人を支え，ついには「死」というものを突きつけられるなかで人間の生命の重さに覚醒していきます。そして，医師になる決意をし，不断の努力で人命を救うことに生涯をかける決意をするという内容です。

こうした主人公の生き方は，まさに，生徒の心の琴線に直接働きかけ，響いていくにちがいありません。人は誰しもがよりよく生きたいと願うものです。友の死を乗り越え，よりよく生きようとする主人公を生き方モデルとして，生徒が自らの生き方を考え，自分の意志と責任で進路を切り拓き，強い意志をもって自己実現に向かってほしいという願いをもって授業を展開しました。

★保護者とともにつくる道徳の授業

授業は，保護者への公開から参加へと発展し，保護者も生徒とともに椅子を並べ話し合いました。開発教材の活用をポイントに，授業展開を紹介します。(◇は保護者への発問です。)

（1） 導入で教材へ誘う工夫

見沼の美しい自然の写真を提示し，見沼用水の様子を表現するため，水の流れる自然音をＢＧＭとして活用する。星の写真をプロジェクターで投影する。

（2） 展開での発問の工夫

生徒への発問と保護者への発問をつなぎ合わせながら授業を展開する。

発問１　友人を見舞う主人公は，いつもどんな気持ちだったのだろう。

・死への恐怖と生への期待が入り混じった主人公の気持ちに気づかせるようにする。

・必死になって友人の回復を祈る主人公の気持ちと，何もできない空しさに十分共感させるようにする。

(死への恐怖や生への期待)

発問２　どんな思いから,友の死にやり場のない怒りがこみあげてきたのだろう。

・生の対極にある死を主人公がどう受け止めたかをしっかりと捉えさせるようにする。

(自分の無力さ，未来を失った不条理さ)

◇保護者への発問　子どもを失った母の思いは，どのようなものだっただろう。

・子どもを亡くした親の視点に立った思いを見つめる発問。

発問３　主人公は，見沼に輝く星を見上げ，どんな思いを抱いたのだろう。

・死という絶対的なものに対する絶望感から立ち上がり，前向きに生きようとする主人公の思いを捉えられるようにする。

(人生の大志・友人の分まで生きようとする決意)

・有限唯一の人生を人々と支え合い，自分のできることを世のために役立てていこうとする主人公の強い思いに迫る。

(広義での自他との関わり)

◇保護者への発問　母は，成長した息子の友人の姿からどんなことを思っただろう。

・成長した息子の友人を見た時の親の思いを語る。

（3） 終末の工夫

・ゲストティーチャーの参加

終末には，主人公をゲストティーチャーに迎え，友人を失った悲しみや，それを乗り越えて医者を目指し，自分の生命を精一杯輝かせて生きようとした思いなどを語ってもらいました。

顔をまっすぐに上げ，真剣なまなざしでゲストティーチャーの話に聴き入る生徒の表情からは，ゲストティーチャーの語りかけに，生徒の魂が呼応していることを強く感じました。授業の後，筆者の心の中には，なんとも言えない余韻が漂っていました。それは，保護者も生徒も同じであったと思います。各々が，ゲストティーチャーの生命に対する思いを傾聴し，「生命」というものを自分との関わりで見つめ，自己への問いかけを深めていったのではないでしょうか。授業の最後には，ワークシートに，じっくりと「生命」を見つめ，考えながら書くことで，より深い価値の内面化を図りました。

★終わりに

生徒の授業後の感想では，「生きることの大切さが強く伝わってきた。」「自分も一日一日を大切に生きようと思った。」「あたりまえの幸福に感謝して生きたい。」という言葉が多く綴られていましたが，感想の中には，「いろいろなお母さんの話を聞いて，自分の母もこんなふうに考えているのだろうかと思った。」と，母親の視点から書かれたものも見られ，保護者の意見をからめながら授業を展開したことの効果を感じました。

道徳授業　保護者とともに
（書く活動場面）

授業には，毎回，10名を越える保護者の方々が参加してくださいました。保護者の感想には，生徒への切なる願いが数多く綴られていました。「たった一つの生命はかけがえのないものです。」「生命は自分一人のものではないと思います。その生命を多くの人たちが支えているということを知ってほしいのです。」「はるか昔から生命は脈々と受け継がれてきました。生命の重さをしっかりと受け止め，前向きに生きてほしいです。」授業を展開する中での保護者の発言にも，こうした親の願いが根底にあることを強く感じる場面が多くありました。生徒にも，きっとその思いは伝わっていると思います。

学生のみなさんへ

大学での初回の講義では毎回，私は学生のみなさんに，小・中学生の時の道徳の授業の様子についてアンケートをとります。大半の学生さんの道徳の授業の記憶は曖昧で，ほとんど覚えていないというのが現状です。大学では，わずか1コマ90分を15コマという短い期間で，道徳教育の意義や指導方法，指導案作成，評価，模擬授業とその工夫改善等について学んでいきます。本書は，様々な立場の方が道徳教育を身近に感じ，活用していただくことを前提にしていますが，その中には大学の教職課程での活用も想定しています。そのため，形式と内容構成は，教職課程における「道徳の理論及び指導法」のコアカリキュラムを中心に展開し，そこに理論や実践での様々な視点を加えています。全体を通じて，学習指導要領の内容を包括的に含んでいます。

大学で道徳教育について学ぶ時間は短いですが，学生のみなさんの「真剣に考え続けている姿」は，道徳教育の根幹をなすものです。道徳とは「生きる」ということを真剣に考え続けるということです。みなさんのその姿勢は，共に歩む児童生徒にも必ず伝わっていきます。未来を担う児童生徒を直接育てていくのはみなさんです。積極的に道徳の授業公開などにも足を運びながら，見識を広めていってほしいものです。

また，たとえ教師を目指さない学生さんであっても，地域の行事などで子どもたちに接する機会もあると思います。親という立場となって，子どもと関わる方もいるでしょう。ぜひ，子どもたちに語りかける時は，道徳的な側面も意識しながらお話をしてください。そして，よく子どもたちの話を聞いてあげてください。

模擬授業者としてがんばる学生さんと，授業を支え応える学生さんたち

おわりに 「絆」

かつて学級担任をしていた頃，体育祭に向けて生徒たちとクラス旗を作りました。全員で考えた言葉は，ドカンと旗の真ん中に「絆」の一文字。そして，みなで創った学級歌のタイトルも「絆」。

なぜこうも，生徒たちは「絆」という言葉にひかれるのだろうかと思いました。人間関係の希薄化が叫ばれて久しいですが，生徒たちの本当の願いや，心の叫びが聞こえてくるような気がします。

体育祭の前日，私は生徒たちから，クラス全員のサインの入ったTシャツをプレゼントされました。背中には大きく「絆」の一文字が光を放っていました。あまりのうれしさに，思わず号泣してしまいました。他者へのこうした思い，そしてその思いが形になって伝えられていくことが，人と人の絆を深めるものであることを，改めて生徒たちから教えられました。生徒たちの思いのこもったTシャツは私にとって，一生の宝物です。

人は，人との関わりの中で人生を歩みます。自分の人生の向上，そこに彩りを添えていく他者との深い関わりの中でこそ，人は「命の重さ」をかみしめ，共に生きることの素晴らしさに気づいていくのではないでしょうか。

私は，毎年新しいクラスをもつたびに，（状況の許す限り）保護者の方々のご協力のもと，生徒たちとともに各々の誕生に遡り，一つ一つのかけがえのない命がこの世に生まれた意義をかみしめてきました。

そこには，必ずや次の命を生み出すために自らの命をかける母の姿があり，それを全身全霊で見守る家族の姿があります。生徒たちは，初めて知る自分の誕生にかける周りの人々の想いに心を打たれ，受け継いだ命と真剣に対峙していました。

限りある短い人生の中で，生徒とともに生きることについて真剣に考えることのできる１コマ１コマの道徳科の時間を通して，私は生徒よりも自分自身が成長させてもらっているということを痛感していました。日々の緊張した慌しい勤務の中で，週に一度，じっくりと腰を据えて生徒と語り合える道徳科の時間を有り難く思いました。

私たち教師は，子どもたちの長い人生の中のほんの一瞬にしか関わることができません。私は「この一瞬に自分のすべてをかけて，生徒とともに人生の１コマを分かち合いたい―。」と思いました。それが私の目指した道徳科の時間でした。

平成30年「特別の教科　道徳」が小学校でスタートしました。正直，初任者の頃より30年もの間，道徳教育をライフワークとして学んできた私は，これまでの道徳教育の課題が明示され，「考え，議論する道徳」という旗印のもと，急速に様々な指導方法が展開されるようになったことにとまどいを感じました。しかし，これまでの実践のよさを残しながら，新たな一歩を踏み出す勇気は大切です。

本書には，「はじめに」でお示ししたように，先生方，保護者のみなさま，地域のみなさま，大学生のみなさん，それぞれの立場の方が，それぞれの立場でどのように道徳教育に関わったらいいのかを本書を参考に考えていただき，それを積極的に実践していただきたいという切なる願いがこもっています。ぜひ，巻末のメッセージにも目を通していただき，それぞれの立場から未来を担う子どもたちのために，「道徳にチャレンジ」していただけましたら幸いです。みなさまに「道徳のたすき」をしっかりとお届けし，さらによりよい道徳教育を目指す「絆」の輪を共に広げていきたいものです。

結びに，本書の発刊に多大なるお力をおかしくださいました日本文教出版　小野木貴美様をはじめとする編集に関わってくださった皆様，また，快く写真をご提供くださいました読売新聞社様，味噌・溜醤油酒造元中定商店　代表6代目　中川安憲様に心より御礼申し上げます。ありがとうございました。

2019（令和元）年10月10日

石黒　真愁子

東京・大手町　読売新聞社の
箱根駅伝『絆』像前にて

索　引

【参考文献】

『「政治学」アリストテレス全集　15』アリストテレス著　山本光雄訳　岩波書店　1969年
『講座　創造的道徳指導　第1巻』青木孝頼著　明治図書出版　1972年
『新釈漢文大系28「礼記」』竹内照夫著　明治書院　1977年
『中学校道徳・話し合いの組織化』井上治郎著　明治図書出版　1972年
『国家（上）』プラトン著　藤澤令夫訳　岩波書店　1979年
『道徳資料の活用類型』青木孝頼著　明治図書出版　1979年
『道徳教育の授業理論　十大主張とその展開』現代道徳研究会編　明治図書出版　1981年
『要説　道徳教育の研究＝新版』井上治郎・遠藤明彦著　酒井書店　1989年
『バイオミュージックの不思議な力』貫行子著　音楽之友社　1992年
『幼稚園における道徳性の芽生えを培うための事例集』文部科学省　2001年
『小学校学習指導要領解説　道徳編』文部科学省　2008年
『中学校学習指導要領解説　道徳編』文部科学省　2008年
『各教科で行う道徳的指導』押谷由夫編集　教育開発研究所　2009年
『中学校道徳読み物資料集』文部科学省　2012年
『道徳授業で大切なこと』赤堀博行著　東洋館出版社　2013年
『私たちの道徳　小学校５・６年』文部科学省　2014年
『私たちの道徳　中学校』文部科学省　2014年
『道徳「特別教科化」の歴史的課題』行安茂著　北樹出版　2015年
『新教科・道徳はこうしたら面白い』押谷由夫・諸富祥彦・柳沼良太編著　図書文化社　2015年
『中学校新学習指導要領の展開　特別の教科　道徳編　平成28年版』
柴原弘志編著　明治図書出版　2016年
『道徳教育を学ぶための重要項目100』貝塚茂樹・関根明伸編著　教育出版　2016年
『問題解決的な学習で創る道徳授業　超入門』柳沼良太著　明治図書出版　2016年
『考え，議論する道徳科授業の新しいアプローチ10』諸富祥彦編著　明治図書出版　2017年
『道徳の理論と指導法』柳沼良太著　図書文化社　2017年
『小学校学習指導要領解説　総則編』文部科学省　2017年
『中学校学習指導要領解説　総則編』文部科学省　2017年
『小学校学習指導要領解説　特別の教科　道徳編』文部科学省　2017年
『中学校学習指導要領解説　特別の教科　道徳編』文部科学省　2017年
『小学校新学習指導要領ポイント総整理　特別の教科　道徳』永田繁雄編著　東洋館出版社　2017年
『「特別の教科　道徳」で大切なこと』赤堀博行著　東洋館出版社　2017年
『「道徳科」評価の考え方・進め方』永田繁雄編集　教育開発研究所　2017年
『中学校教育課程実践講座　特別の教科　道徳　平成29年改訂』
押谷由夫編著　ぎょうせい　2018年
『幼稚園教育要領解説』文部科学省　2018年
『保育所保育指針解説』厚生労働省　2018年
『幼保連携型認定こども園教育・保育要領解説』内閣府　文部科学省　厚生労働省　2018年
『高等学校学習指導要領解説　総則編』文部科学省　2018年

<著者略歴>

石黒　真愁子（いしくろ　まゆこ）

埼玉県公立中学校教諭，さいたま市公立中学校主幹教諭，小学校教頭，小学校校長を経て，
現在，大学にて道徳教育論を担当。

2008 ～ 2015 年，文部科学省「『心のノート』の改善に関する協力者会議委員」（H 20）
「中学校道徳読み物資料集作成協力者」（H 23）「『心のノート』改訂作業部会協力委員」（H 25）
「『私たちの道徳』活用のための指導参考資料作成協力委員」（H 26）
「道徳教育に係る教師用指導資料等作成委員」（H 27）　を担当。

日本道徳教育学会会員　　日本道徳教育方法学会会員

【主要著書】

『俳句に見る日本人の心』　共著　明治図書出版　2009 年 7 月
『各教科で行う道徳的指導』　共著　教育開発研究所　2009 年 7 月
『新中学校道徳指導細案』　共著　明治図書出版　2010 年 7 月
『ほんものの自己肯定感を育てる道徳授業』　共著　明治図書出版　2011 年 8 月
『実話をもとにした道徳ノンフィクション資料』　共著　図書文化社　2012 年 2 月
『「私たちの道徳」完全活用ガイドブック　中学校編』共著　明治図書出版　2015 年 3 月
『新教科・道徳はこうしたら面白い』　共著　図書文化社　2015 年 11 月
『中学校新学習指導要領の展開　特別の教科　道徳編　平成 28 年版』
共著　明治図書出版　2016 年 2 月
『アクティブ・ラーニングを位置づけた小学校特別の教科道徳の授業プラン』
共著　明治図書出版　2017 年 3 月
『アクティブ・ラーニングを位置づけた中学校特別の教科道徳の授業プラン』
共著　明治図書出版　2017 年 3 月
『考え，議論する道徳科授業の新しいアプローチ 10』（道徳科授業サポート BOOKS）
共著　明治図書出版　2017 年 7 月
『道徳教育の研究』　共著　一粒書房　2019 年 1 月
『板書 & 指導案でよくわかる！中学校 3 年の道徳授業　35 時間のすべて』
共著　明治図書出版　2019 年 4 月
ほか

【主要論文】

「個と集団の成長を促す心の教育の在り方―道徳教育を核とした学級経営の展開―」
「道徳と教育」No.235　日本道徳教育学会　2007（査読付き）

【これまで道徳副読本に掲載された自作読み物教材】

「命燃やして」　学研教育みらい「かけがえのないきみだから」
「火影」　学研教育みらい「かけがえのないきみだから」
「人生を変えた一杯のみそ汁」　日本文教出版「あすを生きる」
「天使の舞い降りた朝」　廣済堂あかつき「自分をのばす」
「見沼に降る星」　東京書籍「明日をひらく」
「グリーンファーザー」　新学社「豊かな心を育てる」

道徳（どうとく）にチャレンジ

2019年（令和元年）10月10日　初版発行

著　者　石黒 真愁子（いしくろ まゆこ）
発行者　佐々木秀樹
発行所　日本文教出版株式会社
https://www.nichibun-g.co.jp/
〒558-0041　大阪市住吉区南住吉4-7-5　TEL：06-6692-1261
デザイン　株式会社ユニックス
印刷・製本　株式会社ユニックス

ISBN978-4-536-60111-5